Culture VOILE

Culture
VOILE

Textes de Stéphane Mahieu, et Olivier Bourbon,
Caroline Britz, Stéphane Dugast, Emmanuel Van Deth

VAGNON

AVANT-PROPOS

Que le présent ouvrage soit lu comme une invitation au voyage ! Embarquer sur un voilier, c'est s'insérer dans une longue histoire, épouser un langage, des aventures, des rêves. C'est participer d'une culture aux facettes aussi nombreuses que les voiles d'un trois-mâts. Romans et souvenirs maritimes se mêlent en un récit idéal qui pousse à aller voir de l'autre côté de l'horizon. La simple expression de « lever l'ancre », passée dans le langage courant, est suffisamment éloquente. Dans son Petit manuel du parfait aventurier, Pierre Mac Orlan distingue l'aventurier actif, qui a largué réellement les amarres, de l'aventurier passif, cramponné à son fauteuil comme à la dunette d'un brick, qui effectue en songe les plus risquées des traversées, gorgées de péripéties humaines ou météorologiques, mais qui par ses discours peut éveiller des vocations chez ses auditeurs. L'un comme l'autre, en reflet, contribuent à la légende maritime… On ne navigue pas sans curiosité.

Le présent livre a pour but d'offrir au lecteur un panorama, richement illustré, des différents aspects du monde de la voile, du voilier historique aux plus récents bateaux de course, des musées aux chantiers contemporains, des premières compétitions aux courses actuelles. Cette histoire est marquée par de nombreux personnages, marins, solitaires ou pas, navigatrices, architectes, sans compter des personnages célèbres en d'autres domaines et qui eurent une véritable passion pour la navigation comme Maupassant ou Jules Verne. Le lecteur trouvera aussi dans ces pages un glossaire, la typologie des voiliers classiques ou modernes, ce qu'était une corderie, la vision que donnent des voiliers bandes dessinées et cinéma. Un livre à ouvrir comme un coffre de marin : l'ouverture de cette fameuse malle ne marque-t-elle pas le début de bien des romans maritimes ? Cartes marines et courriers lointains, journaux de bord, instruments de navigation anciens ou modernes y tressent un récit qui s'écrit au fil de l'eau.

À l'adresse des lecteurs qui franchiraient le pas, des conseils sont également donnés pour ne pas commettre d'erreur lors de l'achat d'un voilier et les démarches qui s'ensuivent.

Outre la plaisance qui a assuré sa survie, la voile, écologie aidant, n'appartient pas qu'au passé : depuis quelques années les projets de transports commerciaux par voiliers ou cargos mixtes voile/moteur foisonnent : quelques-uns de ces nouveaux navires sillonnent déjà les mers. Revoir des mâts dans les bassins de commerce ne sera bientôt plus une utopie.

Stéphane Mahieu

Sommaire

Les voiliers au cinéma

Quoi de plus photogénique qu'un vaisseau naviguant toutes voiles dehors bravant tempêtes et abordages…

Affiche du film Le Pirate noir *d'Albert Parker, avec Douglas Fairbanks, 1926.*

Le succès des films de pirates

De Long John Silver et sa jambe de bois, incarné par Wallace Beery dans l'adaptation de *L'Île au trésor* par Victor Fleming en 1934, à la série de films *Pirates des Caraïbes* avec Johnny Depp, dont le premier opus date de 2003, en passant par *Capitain Blood* et *L'Aigle des mers* de Michael Curtiz avec Errol Flynn (1935 et 1940) et *Pirates* de Roman Polanski (1986), corsaires et flibustiers ont fait les beaux jours du cinéma d'aventures maritimes. Pour le film de Polanski, une réplique capable de naviguer d'un galion de 63 mètres de long, le *Neptune*, a été construite. Après avoir été visible au Vieux Port de Marseille, elle est maintenant amarrée dans le port de Gênes. Sa réalisation greva singulièrement le budget du film… En 1983, plusieurs membres des Monty Python se retrouvèrent dans *Barbe d'Or et les Pirates* (titre original : *Yellowbeard*) de Mel Damski ; burlesque et réalisme étaient, on s'en doute, au rendez-vous. Les romans d'aventures maritimes d'Emilio Salgari (1863-1911) connurent de nombreuses adaptations cinématographiques en Italie : *Les Pirates de Malaisie* (1941), *Le Corsaire noir* (1944, 1976).

Les guerres de la Révolution et de l'Empire ont fourni leur content de pellicule. Dès 1924, Surcouf était le héros d'un film de Luitz-Morat dont une des curiosités est la présence du poète Antonin Artaud. La série de romans contant les aventures d'Horatio Hornblower par Cecil Scott Forester inspira *Capitaine sans peur* de Raoul Walsh en 1951 et une suite de téléfilms britanniques de 1998 à 2003.

Classique de la littérature, *Moby Dick*, d'Herman Melville (1819-1891), a connu plusieurs adaptations cinématographiques, de *The Sea Beast* (titre français : *Jim le Harponneur*), film muet de 1926, au film *Moby Dick* de 1956, de John Huston avec Gregory Peck, Richard Basehart et Orson Welles.

Affiche du film L'Aigle des mers *de Michaël Curtiz, 1940.*

WARNER BROS-FIRST NATIONAL FILMS, INC.
présente
ERROL
FLYNN
BRENDA MARSHALL
CLAUDE RAINS
DONALD CRISP
FLORA ROBSON
ALAN HALE
dans
L'AIGLE DES MERS
DE ZEEAREND
"The Sea Hawk"
WARNER BROS
mise en Scène de
MICHAEL CURTIZ
MPRIME EN BELGIQUE
LES ATELIERS M. PANNEELS, 26, R. de la COROLLE, BRUXELLES

Affiche du film L'Île au trésor *de Victor Fleming avec Wallace Beery et Jackie Cooper, 1934.*

Captaine Blood *de Michael Curtiz, avec Erroll Flynn, 1935.*

Mutinerie à bord !

Des événements marquants de l'histoire de la marine à voile, comme la mutinerie du Bounty, ont inspiré plusieurs œuvres. Un premier film, américain, *Les Révoltés du Bounty*, date de 1935 et met face à face deux monstres sacrés : Clark Gable et Charles Laughton. En 1962, une nouvelle version est réalisée, avec Marlon Brando en chef des mutins. La réplique du *Bounty* construite à cette occasion navigua jusqu'à son naufrage en 2012. En 1984, une troisième adaptation est tournée avec Mel Gibson : *Le Bounty*.

La course au large sur pellicule

Les films s'intéressant aux courses et à la navigation en solitaire sont apparus plus récemment. Ainsi, *En Solitaire* de Christophe Offenstein, une fiction se déroulant sur le Vendée Globe, date de 2013. En 2023, Florence Arthaud s'est vue consacrer un biopic intitulé *Flo*. En 2013, *All is Lost*, avec pour seul acteur Robert Redford, raconte le naufrage dramatique d'un navigateur solitaire après un choc avec un conteneur à la dérive et une tempête.

All Is Lost *de J.C. Chandor, 2013, avec Robert Redford.*

Naviguer avec humour

Plus calme, le film de Denis Podalydès *Liberté-Oléron* (2001) traite avec humour des mésaventures d'un vacancier qui achète sur un coup de cœur un petit voilier d'occasion, avec lequel il entreprend de se rendre à l'île d'Aix. Incompétent, naïf et peu au courant des contraintes qu'implique un bateau, il est bien vite ballotté de mauvaises surprises financières en déconvenues maritimes. Le film est une souriante anthologie de toutes les erreurs à ne pas commettre…

Pour le film d'anticipation *Waterworld* (1995) de Kevin Reynolds avec Kevin Kostner, qui se passe sur une terre recouverte par les océans, deux trimarans de 18 mètres furent réalisés par la société Jeanneau sur le moule de *Pierre Ier*, vainqueur de la Route du Rhum en 1990.

MODÈLES DE VOILIERS DE PLAISANCE

Des modèles qui ont marqué le XXe siècle continuent d'avoir leurs aficionados regroupés en associations et s'employant à faire naviguer ces voiliers toujours efficaces pour goûter aux plaisirs de la mer. En voici quelques-uns parmi les plus renommés.

Un Requin en action.

LE REQUIN

À quatre-vingts ans, le Requin attire toujours les passionnés. Comment ne pas céder en effet à la séduction de sa ligne ? Il reste un des symboles de la plaisance du milieu du XXe siècle. Dessiné en 1930 par l'architecte finlandais Gunnar Steinbäck, il fut présenté sous le nom de « Haj » (*requin*, en finnois) l'année suivante au salon d'Helsinki. Il s'agissait de créer un monotype de régate moins coûteux que les bateaux à l'unité construits à l'époque. La crise de 1929 était passée par là…
Les deux premiers Requin arrivèrent en France en 1934. Trente ans après, ils étaient trois cent cinquante. Plusieurs chantiers français en produisirent. Pourtant, le passage à la construction plastique en 1978 ne permit pas de relancer la série, mais, nostalgie aidant, des Requin sont à nouveau construits, en matériaux composites et, innovation, proposés avec un moteur électrique in-board.
De nombreuses rencontres ou régates sont organisées chaque année par l'Association française des propriétaires de Requin.

Une régate de Dragon.

LE DRAGON

Comme son rival le Requin, le Dragon symbolise la belle plaisance et conserve de nombreux fidèles. Voilier à quille et à gréement de sloop, un peu plus court et moins toilé que son concurrent, il a été dessiné par l'architecte norvégien Johan Anker (1871-1940) à l'occasion d'un concours de plans destiné à créer un monotype de régate et de croisière côtière. Un prototype fut construit en 1928 et le Dragon se répandit rapidement dans les pays nordiques et les îles britanniques.
Johan Ansker était également régatier et remporta deux médailles d'or aux Jeux olympiques de 1912 (Stockholm) et 1928 (Amsterdam). Les premiers Dragon ont été construits en France pour les JO de Londres de 1948, mais le *FRA 001*, appelé *Ladon*, ne pourra y participer pour des questions de jauge. Il a fini ses jours à l'état d'épave à Noirmoutier. Le Dragon a été série olympique de 1948 à 1972.

VAURIEN ET CORSAIRE

D'abord architecte en bâtiment et régatier (il représenta la France à plusieurs reprises aux épreuves de voile aux Jeux olympiques), Jean-Jacques Herbulot (1909-1997) a dessiné de nombreux navires dont les deux les plus célèbres sont le Vaurien et le Corsaire, créés pour l'école des Glénans dans les années 1950. Réalisé en contreplaqué à l'origine, le Vaurien, dériveur de 4,08 mètres, connut un grand succès grâce à son prix. Il fut même en vente dans les grands magasins de l'époque, ce qui était une véritable révolution dans le nautisme !
Le Corsaire, croiseur habitable de 5,50 mètres, continue d'être produit en bois ou en plastique. Il est un des rares produits industriels des années 1950 encore fabriqués. Deux associations fédèrent les passionnés de ces navires dont la simplicité a séduit de nombreux constructeurs amateurs.

Un voilier populaire : le Vaurien.

Un inusable Corsaire.

Une Caravelle et son étrave reconnaissable.

LA CARAVELLE

Créée comme le Vaurien et le Corsaire par l'architecte Jean-Jacques Herbulot, la Caravelle connut un grand succès dans les écoles de voile des années 1960 à 1980. Elle a d'abord été conçue comme navire de servitude et, motorisée, elle a servi d'embarcation de sécurité dans les clubs. D'une longueur de 4,60 mètres, elle est reconnaissable à son étrave tronquée formant un tableau avant (marotte), comme celle de l'Optimist.

Pourvue d'un gréement bermudien, avec un mât sur le banc avant, elle équipa de nombreuses écoles, dont les Glénans. Les premiers modèles étaient en contreplaqué ; il exista ensuite des séries en polyester avec une coque arrondie. Elle connut plusieurs déclinaisons, comme la version sport, avec spi, ou la Caravelle-Cigogne (ou Caragogne), la version habitable destinée aux croisières côtières, avec un roof à deux couchettes fort spartiates.

L'association Ascaravelle organise de nombreuses manifestations regroupant passionnés et nostalgiques.

Les noms
DES MÂTS

Ne vous emmêlez plus les mâts ! Sur un trois-mâts, le grand mât – le mât principal – se situe entre le mât de misaine, placé à l'avant, et le mât d'artimon, à l'arrière. Sur quelques types de voiliers classiques comme les yawls et les bisquines, le mât arrière, plus petit qu'un mât d'artimon, est placé à l'arrière du gouvernail et prend le nom de « tape-cul ». Le beaupré est situé à la proue du navire, très incliné vers l'avant., il n'est pas pris en compte dans le nombre de mâts servant à la dénomination du navire : deux-mâts ou trois-mâts. La langue anglaise fournit un pernicieux faux ami : le *mizzenmast* correspond au mât d'artimon et non au mât de misaine !

Largue, grand largue :

LES ALLURES D'UN VOILIER

L'allure d'un voilier indique sa route par rapport au vent. Elle influe sur la vitesse, la gîte, le roulis et la manière de régler les voiles. Il y a trois grands types d'allure, selon que l'angle entre le cap du navire et la direction du vent est plus ou moins ouvert : les allures de près, de travers et portantes.

Lorsque le voilier est face au vent, qu'il est « vent debout », il doit s'écarter pour pouvoir progresser. Si sa destination lui impose de se diriger face au vent, il doit tirer des bords, autrement dit louvoyer. Lorsque l'angle par rapport au vent est faible, il est « au près », qui va de « près serré » à « bon plein ». Les voiles sont presque dans l'axe du bateau qui gîte fortement et heurte les vagues.

Dans le travers, le vent vient perpendiculairement au voilier. Les voiles sont écartées de l'axe du bateau, la vitesse est rapide et la navigation confortable. Si l'angle s'ouvre encore un peu, on atteint le largue, puis le grand largue, où le vent vient de trois quarts arrière. Contrairement à ce que l'on peut penser, le vent arrière, où le voilier fait route dans la direction du vent, n'est pas l'allure optimale : les voiles ont un rendement médiocre du fait de l'angle d'attaque du vent.

LES RENDEZ-VOUS DE GRANDS VOILIERS

Parmi les rassemblements de voiliers traditionnels, deux se distinguent par leur ampleur et leur forte fréquentation : Brest avec plus de 700 000 visiteurs en 2016 et Rouen avec plus de cinq millions en 2023.

Fêtes maritimes internationales de Brest

Elles se tiennent tous les quatre ans depuis 1992. Elles se sont longtemps appelées *Brest* suivi du millésime : *Brest 1996*, *Brest 2000* etc. L'édition 2012 s'intitula *Les Tonnerres de Brest 2012*. Elles tirent leur origine de rencontres de vieux gréements dans la rade de Brest, puis à Douarnenez en 1986 et 1988. La particularité de ces rencontres est, outre la présence des grands voiliers connus mondialement, le nombre important de vieux gréements de petite ou moyenne taille, ce qui permit à l'édition de 2016 de compter plus de mille navires. Certains d'entre eux proposent à cette occasion des sorties en mer. L'édition de 2020 a été reportée en 2024 du fait de la pandémie de covid. L'Europe du Nord connaît également un réel engouement pour ce type de rassemblements avec des manifestations périodiques à Bremerhaven en Allemagne et à Amsterdam et Delfzijl aux Pays-Bas.

Armada de Rouen

La première Armada de Rouen se tint en 1989 pour le bicentenaire de la Révolution sous le nom de *Voiles de la Liberté*. Elle rassembla plus d'une vingtaine de grands voiliers. Celle de 1994, qui commémorait le cinquantenaire du débarquement prit le nom d'*Armada de la Liberté* et attira près de six millions de visiteurs. Il est à noter que l'entrée à l'Armada est gratuite, ce qui explique pour partie son exceptionnelle fréquentation pendant les dix jours de sa durée. Un des points forts est la remontée puis la descente de la Seine par les bateaux participants. La dernière édition eut lieu en juin 2023. 44 navires étaient présents, dont, outre le *Belem*, le *Marité* et la *Recouvrance*, le polonais *Dar Młodzieży*, le mexicain *Cuauhtémoc*, l'indonésien *Bima Suci*, l'uruguayen *Capitán Miranda*. La prochaine Armada est prévue pour 2027.

Différentes dans leur concept sont les Tall Ships' Races, ces courses internationales de grands voiliers-écoles. L'idée remonte à 1953, avec comme objectif de préserver le patrimoine maritime, de développer l'amitié internationale et la formation maritime des jeunes. Aux navires-écoles stricto sensu se sont ajoutés de vieux gréements embarquant des stagiaires. Pour participer à la course, au moins la moitié de l'équipage doit être composée de jeunes de moins de vingt-cinq ans. La première course eut lieu en 1956, réunissant vingt voiliers. C'est aujourd'hui une manifestation annuelle, comportant plusieurs étapes. La course fut longtemps connue sous le nom de *Cutty Sark*, du nom de son sponsor, le fameux whisky arborant sur son étiquette la silhouette du clipper visible à Greenwich. Elle se tient le plus souvent dans la mer du Nord, avec des extensions vers la Baltique ou, selon les éditions, la Manche et l'Atlantique. Plus rarement elle traverse ce dernier ou se déroule, comme en 2007 et 2013, en Méditerranée.
L'édition de 2025, du 4 juillet au 9 août, partira du Havre à destination de l'Écosse, de la Norvège et du Danemark, avec une deuxième étape à Dunkerque.

LE TOUR DU MONDE « À L'ENVERS »

Jean-Luc Van Den Heede, alias VDH, a déjà terminé quatre circumnavigations en course dans le sens « traditionnel » (Vendée Globe, BOC Challenge) lorsqu'il s'attaque au Global Challenge, le record du tour du monde en solitaire d'est en ouest, contre les vents et les courants dominants.

Texte Olivier Bourbon

Au début des années 2000, VDH a déjà un palmarès exceptionnel autour du monde. Il a bouclé à deux reprises le Vendée Globe (troisième en 1989-1990, deuxième en 1992-1993). Il a aussi terminé deux fois le BOC Challenge, le tour du monde en solitaire avec escales, avec toujours des places sur le podium (deuxième en 1986-1987, troisième en 1994-1995). À force d'enchaîner les performances dans le « bon sens », c'est-à-dire celui des vents dominants d'ouest en est, VDH réfléchit à de nouveaux challenges, toujours autour du monde, mais d'est en ouest cette fois. Un défi d'une difficulté inouïe.

L'épreuve la plus difficile qu'un marin puisse vivre en solitaire

Ce tour du monde « à l'envers », appelé Global Challenge, est considéré comme l'épreuve la plus difficile qu'un marin puisse vivre en solitaire. Dans le Vendée Globe, les marins bénéficient majoritairement de vents portants, et donc favorables. Lors du Global Challenge, ils affrontent les éléments de face. C'est la même différence entre un cycliste qui dévale une pente et celui qui monte une côte. Vents contraires, températures très basses, mer agitée, navigation le plus souvent au près, inconfort quasi permanent : le marin et la machine sont mis à rude épreuve. Peu nombreux sont les navigateurs à tenter cette aventure extrême. Avant VDH, seulement trois ont établi des records sur ce parcours : Chay Blyth en 1970 (292 jours), Mike Golding en 1994 (161 jours) et Philippe Monnet en 2000 (151 jours).

Trois tentatives avortées

Jean-Luc Van Den Heede s'élance pour sa première tentative en 1999. Au large des îles Falkland, son bateau heurte un Ofni (objet flottant non identifié) et prend l'eau. VDH doit renoncer au milieu de l'océan Pacifique, non loin du point Nemo, la zone du globe la plus éloignée de toute terre émergée. Il ramène *Algimouss* à Valparaiso (Chili). Il fait ensuite construire un bateau plus grand, plus solide (en aluminium), à la hauteur de la difficulté de l'exercice du tour du monde à l'envers. C'est la naissance d'*Adrien*, un monocoque de 26 mètres de long à bord duquel VDH repart pour une deuxième tentative en 2001. Le 12 novembre, il franchit le mythique cap Horn pour la sixième fois de sa carrière. Mais la suite des événements est moins favorable. Le surlendemain de son passage, il constate que la quille bouge. Hors de question de continuer dans ces conditions, VDH fait demi-tour. L'année suivante, il retente sa chance mais casse son mât au large de l'Australie et se déroute vers la Tasmanie.

29 jours de mieux que Philippe Monnet !

Jean Luc Van Den Heede part pour sa quatrième tentative le 7 novembre 2003, la troisième à bord d'*Adrien*. Cette fois, c'est la bonne ! Le 9 mars 2004, il vient à bout de ce périple après 122 jours, 14 heures, 3 minutes et 49 secondes de mer, battant de 29 jours le précédent record détenu par Philippe Monnet. La persévérance de VDH a fini par payer. Il connaissait sur le bout des doigts son bateau, par ailleurs parfaitement préparé après deux tentatives avortées. Il avait parcouru plus d'un tour du monde et demi à son bord en solitaire avant de s'élancer pour la troisième fois. Sa date de départ lui a permis de profiter de conditions relativement « favorables ». À la fois extrêmement motivé et prudent, le marin a aussi eu le brin de réussite indispensable à tout exploit océanique. Le record du tour du monde à l'envers de VDH tient toujours, plus de 15 ans plus tard...

Global Challenge 2003-2004

Jean-Luc Van Den Heede (Français)

Tour du monde par les trois caps d'est en ouest (départ et arrivée entre Ouessant et le cap Lizard)

122 jours, 14 heures, 3 minutes, 49 secondes

Port Olona

Des aventuriers solitaires

Bien avant le développement des courses en solitaire, quelques aventuriers avaient sillonné seuls les océans, éveillant par leurs récits de nombreuses vocations.

Joshua Slocum

Né en Nouvelle-Écosse, au Canada, en 1844, Joshua Slocum embarque sur une goélette de pêche dès l'âge de douze ans. Il commande son premier navire à vingt-cinq ans. Au chômage, il restaure à partir de la fin 1892 un ancien navire de pêche aux huîtres, un sloop de 11,20 mètres, le *Spray*. C'est avec ce navire qu'il effectue le premier tour du monde en solitaire, projet qui semble impossible à l'époque. Il quitte Boston le 24 avril 1895 et envisage d'abord de passer par l'ouest, via Gibraltar et la Méditerranée, mais un homme seul est une proie facile pour les pirates, comme il en fait l'expérience au large des côtes marocaines. Il retraverse alors l'Atlantique et franchit le cap Horn.

Joshua Slocum ne cherche pas à établir un quelconque record ; son tour du monde est ponctué de longues escales : dans le Pacifique, où il rencontre la veuve de l'écrivain Robert Louis Stevenson qui s'était retirée à Samoa, puis en Australie et en Afrique du Sud où, lors d'un entretien avec le président du Transvaal, Paul Krüger, il a bien des difficultés à lui faire comprendre qu'il fait le tour du monde, ce dernier pensant toujours que la terre est plate…

Le *Spray* arrive aux États-Unis le 24 juin 1898, après trois ans et deux mois de voyage. « Les jours se sont écoulés heureux pour moi où que mon navire ait navigué », écrit-il dans son livre *Seul autour du monde sur un voilier de onze mètres* qui éveilla de nombreuses vocations, d'Alain Gerbault à Bernard Moitessier qui, en hommage, appela son navire *Joshua*.

SAILING ALONE AROUND THE WORLD.
The boat that made the voyage.
39 feet 9 inches long over all,
4 feet 2 inches deep in the hold,
14 feet 2 inches wide,
9 tons net.
SPRAY BOSTON
The Personal Narrative of the Single-handed Voyage of 46,000 Miles of the Sloop "Spray."
By CAPTAIN JOSHUA SLOCUM.
Illustrated. Price $2.00.
THE CENTURY CO., NEW YORK.
★ Mrs. HENRY DRAPER.

Vito Dumas

Se lancer dans un tour du monde en solitaire en pleine Seconde Guerre mondiale semble a priori une gageure insensée. C'est pourtant ce que tenta et réussit l'Argentin Vito Dumas (1900-1965) en 1942 et 1943 à bord du *Legh II*, un voilier de 9,40 mètres. Citoyen d'un pays neutre (l'Argentine n'entra en guerre qu'au printemps 1945…), il choisit une route très au sud (40 degrés de latitude) pour éviter les zones de guerre. Il fut ainsi le premier navigateur solitaire à passer les trois caps (Bonne-Espérance, Horn et Leeuwin, au sud de l'Australie) selon une route qui ne sera empruntée que bien plus tard par les courses autour du monde. Ses principales escales l'amenèrent au Cap, en Nouvelle-Zélande et à Valparaíso. Les conditions éprouvantes de sa navigation lui valurent le surnom de « navigateur des tempêtes ». Il raconta son périple dans *La Route impossible*.

Un autre de ses ouvrages, *Seul, cap vers la Croix du Sud*, est le récit d'un premier voyage en solitaire effectué en 1931-1932 entre Arcachon et Buenos Aires.

Jacques-Yves Le Toumelin

Le tour du monde de Jacques-Yves Le Toumelin se déroule à une période charnière de l'histoire de la plaisance. Privilégiant la découverte à un record de vitesse, il est considéré comme un des derniers navigateurs solitaires traditionnels avant le développement des courses autour du monde. Il connut un monde épargné par le tourisme. Né en 1920 d'une famille de marins, Le Toumelin fait construire au Croisic, après-guerre, un cotre robuste de 10 mètres de longueur, uniquement mu à la voile, baptisé *Kurun* et mis à l'eau en 1948. Il part le 19 septembre 1949 et revient au Croisic le 7 juillet 1952, accomplissant en solitaire le retour à partir de la Polynésie où il a laissé son équipier, Paul Farge. Il accomplira ensuite avec *Kurun* un voyage aux Antilles en 1954 et 1955.

Décédé en 2009, Jacques-Yves le Toumelin raconta ses voyages dans deux ouvrages souvent réédités : *Kurun autour du monde, 1949-1952* et *Kurun aux Antilles*.

Restauré, propriété de la ville du Croisic, *Kurun* navigue toujours. L'association Les Amis de *Kurun* est chargée de l'entretenir, de le mettre en valeur et de le présenter au public.

Alain Gerbault

Né à Laval en 1893, Alain Gerbault, aviateur pendant la Première Guerre mondiale, a du mal à trouver sa place dans la société une fois la paix revenue. Il achète en Angleterre un voilier de 11 mètres, le *Firecrest*, et s'exerce d'abord dans la Manche avant de faire de Cannes son port d'attache.

Il traverse en cent un jours l'Atlantique en 1923, ralliant Gibraltar à New York. Il raconte sa traversée dans *Seul à travers l'Atlantique*, livre qui remporte un grand succès. Il reprend en 1924 son bateau à New York pour réaliser un tour du monde en solitaire. Il passe par Panama et se passionne pour la Polynésie. Durant son périple, il rencontre un ancien baleinier français ayant connu Joshua Slocum. Le *Firecrest* est victime de nombreuses avaries mais achève son périple le 26 mai 1929.

Avec un nouveau navire portant son nom, Alain Gerbault quitte définitivement l'Europe en 1932 pour la Polynésie. Il navigue d'île en île, apprend les langues polynésiennes et se fait le défenseur des indigènes et de leur culture. Favorable au régime de Vichy alors que les Établissements français d'Océanie ont choisi la France libre dès l'automne 1940, il reprend la mer pour une navigation erratique dans le Pacifique qui le mène à Timor, où il meurt en décembre 1941.

Albert Einstein (1879-1955)
Ses théories sur la relativité restreinte et la relativité générale ont complètement bouleversé les sciences physiques et ont fait de lui l'un des scientifiques les plus connus au monde. Il a reçu le prix Nobel de physique en 1921.

Voiliers de plaisanciers célèbres

Des personnalités ayant atteint la renommée en des domaines a priori éloignés de la mer, n'en ont pas moins cultivé un vif attrait pour la voile ; en témoignent les voiliers possédés par Jacques Brel et Albert Einstein.

L'Askoy II, le voilier de Jacques Brel

L'Askoy II, ketch de 19 mètres de long pour un peu moins de 4 mètres de large, a été dessiné à la fin des années 1950 par l'architecte anversois Hugo Van Kuyck. Mis à l'eau en 1960, il navigua d'abord en mer du Nord et en Baltique avant d'être acheté par Jacques Brel, qui quitta Anvers pour rallier les îles Marquises à son bord en 1974. Il fut vendu en 1976 puis changea plusieurs fois de propriétaire avant de s'échouer en 1994 sur la côte néo-zélandaise. Laissé longtemps à l'abandon, il a été rapatrié en Belgique en 2008 et restauré à Rupelmonde, près d'Anvers.

Jacques Brel (1929-1978)
Plusieurs des nombreuses chansons composées et interprétées par Jacques Brel soulignent son intérêt pour le monde maritime, comme *Amsterdam*, et pour le voyage ; *Les Marquises*.

Le Tümmler, voilier d'Albert Einstein

La passion pour la navigation est un aspect peu connu de la vie du physicien Albert Einstein. Il avait appris la voile lors de ses études en Suisse. En Allemagne, il navigua en cachette de son médecin, qui lui avait interdit tout effort à la suite d'un malaise… Pour son cinquantième anniversaire, il reçut en cadeau un voilier à moteur auxiliaire de 7 mètres de long. Sur plusieurs photos, il pose fièrement à côté de son bateau, le *Tümmler*, c'est-à-dire « le marsouin ». Il ne put hélas en profiter longtemps : après la prise de pouvoir par les nazis en 1933 et une vaine tentative de le faire passer en Hollande, le bateau fut saisi, et les efforts d'Einstein pour le retrouver après la guerre restèrent infructueux.

À Princetown, aux États-Unis, il put à nouveau pratiquer la voile. Il n'avait pas une très bonne réputation de marin : ses équipiers n'étaient pas toujours rassurés par ses accès de distraction, mais son sens de l'improvisation et le plaisir qu'il prenait à la navigation compensaient sa technique rudimentaire.

RECONNAÎTRE LES DIFFÉRENTS TYPES DE VOILIERS

Les voiliers se distinguent par le nombre, la hauteur respective et l'emplacement des mâts, leur type de gréement, leur taille. L'hybridation, notamment en matière de gréement, peut rendre l'identification malaisée au premier abord. Voici quelques types courants ou historiques.

LE SLOOP 1

Navire à voile à un seul mât, à un seul foc à l'avant et qui peut avoir une voile aurique surmontée d'une voile de flèche ou, pour les voiliers de plaisance modernes, un gréement bermudien. Les First et les Océanis, tout comme de nombreux voiliers de série, sont des sloops. Le gréement peut être dit « fractionné » (la grand-voile est plus haute que le foc) ou « en tête » (les deux voiles sont hissées à la même hauteur). Dans *Voile et Régate*, l'écrivain maritime Jean Merrien écrit : « Le sloop, le voilier le plus simple (après le misainier au tiers) et de beaucoup le plus répandu, [...] ne comporte, en tout et pour tout, que sa grand-voile et un foc. »

Plus modeste en effet, le misainier (appelé aussi catboat) est un simple canot à un seul mât, ne portant qu'une voile au tiers, appelée « misaine ».

LE COTRE 2

Le cotre est très proche du sloop. Il ne s'en distingue que par ses deux voiles à l'avant du mât (le foc et la trinquette) auxquelles peut s'ajouter un clinfoc. Le gréement peut être aurique ou bermudien. Dans la marine traditionnelle, il a existé des cotres à huniers ; la hune, voile carrée, remplaçant alors la voile de flèche, comme pour le *Renard* de Surcouf.

Avant le développement de la plaisance, cotres et sloops étaient utilisés à la pêche ou pour le cabotage, voire pour le pilotage. Ils étaient les plus petites unités dans les flottes militaires.

LE BRICK 3

Navire à deux mâts dont le mât de misaine est plus petit que le grand mât. Ce qui le distingue de la goélette est son gréement en voiles carrées, avec une brigantine, grande voile aurique rattachée à la base du grand mât. Lorsqu'il n'a pas de grand-voile carrée sur le grand mât et que la brigantine devient donc la plus grande voile, le brick est un brigantin, à ne pas confondre avec les brigantins méditerranéens qui étaient des petits navires pourvus de voiles latines et de rames, utilisés notamment par les pirates barbaresques.

Rapides, les bricks ont été très répandus de la fin du XVIIe siècle à la première moitié du XIXe siècle, utilisés pour le commerce et pendant les guerres. Pour leur maniabilité supérieure à celle des lourds vaisseaux de guerre, ils furent prisés des pirates et des corsaires. Le romancier Jacques Perret a écrit à leur propos : « [...] un brick, autrement dit le plus beau, le plus marin, le plus hardi, le plus gracieux des bâtiments qui jamais porta fortune de chrétien. Le brick, roi des mers, préféré des marchands, des corsaires, des mutins et des fantômes [...]. Homme libre, toujours tu chériras le brick. »

Plusieurs répliques de bricks anciens ont été construites depuis les années 1980 et sont visibles dans les rendez-vous de grands voiliers.

LA GOÉLETTE 4

Une goélette possède au moins deux mâts. Sa caractéristique principale est que le grand mât est soit plus grand, soit de taille égale au mât de misaine (mât d'avant). Elle peut avoir trois mâts, voire plus, jusqu'à... sept ! En fait, le seul navire à sept mâts fut une goélette en acier, le voilier américain *Thomas W. Lawson*, de plus de 140 mètres de long, entré en service en 1902, qui se révéla catastrophique. Destiné au transport de charbon, puis de pétrole en baril, il coula en 1907. Les goélettes traditionnelles ont un gréement aurique et sont alors appelées « goélette franche ». On rencontre également des goélettes à huniers, portant

1

3

2

4

une ou deux voiles carrées en haut du mât de misaine, et des goélettes à doubles huniers (sur les deux mâts). Il existe aussi des hybrides, comme le brick-goélette où le mât de misaine est gréé entièrement de voiles carrées. Les goélettes modernes ont souvent un gréement bermudien, comme le navire scientifique à deux mâts *Tara*. L'équivalent en anglais de goélette est *schooner*, appellation qui vient du hollandais *schoener*.

LE KETCH 5

Voilier à deux mâts dont la caractéristique est la position vers l'avant du grand mât ; le mât d'artimon, plus petit, étant placé nettement à l'arrière du navire, avant le gouvernail ou plus précisément le safran. Sa silhouette le distingue facilement d'une goélette. Les ketchs traditionnels avaient un gréement aurique, les ketchs modernes ont un gréement bermudien. Les voiles d'un ketch moderne sont : pour le mât arrière, la voile d'artimon, et pour le grand mât, la grand-voile, avec à l'avant un foc et éventuellement une trinquette.

Bon nombre de voiliers de plaisance modernes à deux mâts sont des ketchs, tels *Pen Duick II*, *Joshua* ou la série des Maramu et Super Maramu des chantiers Amel.

LE YAWL 6

La différence entre yawl et ketch réside dans le positionnement du mât arrière. Sur un yawl, il est situé en arrière de l'axe du safran. Plus petit qu'un mât d'artimon, il prend le nom de « tape-cul ».

Les dundees étaient des yawls à gréement aurique utilisés pour la pêche : dundee harenguier, thonier, langoustier. Ils furent construits jusqu'au début des années 1950. Les principaux chantiers étaient aux Sables-d'Olonne et en Bretagne.

LE TROIS-MÂTS BARQUE ET LE TROIS-MÂTS CARRÉ 7

Les grands trois-mâts ainsi que les quatre-mâts connurent leur apogée au XIXe siècle, où ils étaient un élément indispensable du commerce maritime, notamment dans la seconde moitié du siècle, avec les clippers. Quelques-uns de ceux qui existent encore furent construits entre les deux guerres mondiales pour servir de navire-école, comme le norvégien *Christian Radich* de 1936 ou l'italien *Amerigo Vespucci* de 1931.

Le trois-mâts carré est gréé avec des voiles carrées sur tous ses mâts avec en sus une brigantine sur le mât d'artimon.

Le trois-mâts barque est gréé avec des voiles carrées sur le mât de misaine et le grand mât. Le mât d'artimon a un gréement aurique avec brigantine et flèche.

Il en est de même pour les quatre-mâts. Le *Belem* est un trois-mâts barque.

LE MULTICOQUE 8

Aux critères liés au gréement ou au nombre de mâts s'est ajouté, au XXe siècle, celui du nombre de coques. Les catamarans ont deux coques parallèles. Le mot est d'origine tamoul et désignait des bateaux traditionnels sur les côtes du golfe du Bengale. Si l'architecte Nathanael Herreshoff est le premier à en avoir construit pour des régates dès le XIXe siècle (son *Amaryllis* date de 1875), leur développement dans la plaisance date de la seconde moitié du XXe siècle. On les rencontre aussi bien en voile légère sportive, comme les Hobie Cat, qu'en voilier de croisière, tels ceux produits par Fountaine Pajot.

Les trimarans ont quant à eux trois coques : la coque centrale et deux flotteurs qui lui sont reliés par des bras de liaison. Ils sont essentiellement utilisés en compétition. Les plus grands dominent maintenant les courses transocéaniques, détenant de nombreux records de traversées ainsi que le tour du monde à la voile, que ce soit en équipage (Francis Joyon) ou en solitaire (François Gabart). Dans les deux cas, il s'agit de maxitrimarans de classe « Ultime » (une trentaine de mètres de long sur vingt de large).

5

7

8

Un voilier au service de la science : Tara

C'est un bateau immatriculé en France dont les marins sont issus de la marine marchande. L'équipage est constitué d'un capitaine, de son second, d'un chef mécanicien, d'un chef de pont, d'un cuisinier et, selon les expéditions, d'un marin spécialisé dans le matériel de plongée. En général, l'équipage est rejoint par une personne en charge des médias, qui s'occupe de raconter, filmer et photographier l'expédition. Souvent, il y a également un artiste qui embarque pour une résidence aux côtés des marins et des scientifiques.

Tara *est une goélette, ce qui signifie qu'elle a deux mâts de la même taille. Grâce à eux et aux voiles à l'avant, elle dispose de près de 400 mètres carrés de toile, ce qui permet de propulser facilement ses 120 tonnes, sa coque en aluminium de 36 mètres de long et tout le matériel scientifique embarqué qui évolue en fonction des expéditions.*

Texte Caroline Britz

Côté bateau

Imaginée par Jean-Louis Étienne, cette goélette a été dessinée par les architectes Olivier Petit et Luc Bouvet et construite dans le chantier naval SFCN, en banlieue parisienne. De la forme de sa coque, tout en rondeur, épaisse de plus de 4 centimètres et en aluminium pour pouvoir encaisser les chocs avec la glace, à son intérieur aussi isolé qu'un chalet de montagne, tout a été pensé pour que le voilier puisse affronter la glace et les conditions polaires.
En tout, il y a seize places à bord du bateau (deux bannettes par cabine), une grande cuisine qui donne sur le carré où l'on mange, et

deux douches. La vie à bord est bien organisée : les tâches ménagères quotidiennes sont réparties entre toutes les personnes à bord et tout le monde se relaie pour effectuer les quarts avec les marins. La nuit, en navigation, il faut toujours au moins deux personnes à la passerelle, et si jamais il y a une manœuvre à effectuer, on n'hésite pas à réveiller tout le monde : cinq personnes ne sont pas de trop pour hisser la grand-voile ! De manière générale, sur *Tara*, tout le monde apprend le fonctionnement du bateau.

Côté science

Le bateau est également bien équipé en matériel scientifique. Sur le pont trône un laboratoire humide qui peut recevoir échantillons et prélèvements directement sortis de l'eau. Il y a aussi une grue pour mettre à l'eau les engins scientifiques, un treuil qui permet de dérouler 3 000 mètres de câbles, ainsi que tout le matériel nécessaire pour la plongée, avec notamment un compresseur d'air. Il y a deux embarcations pneumatiques qui permettent d'amener les équipes scientifiques au plus près de leurs lieux d'échantillonnage. À l'intérieur du navire se trouvent un laboratoire sec complet et une cabine équipée de microscopes dernier cri. Les scientifiques peuvent transmettre des informations en temps réel à leurs laboratoires à terre puisque *Tara* est équipée d'un système de transmission satellite.

À chaque expédition, le bateau est reconfiguré en fonction des besoins des scientifiques. Pour cela, il est hissé à terre à Lorient, son port d'attache. Les marins et l'équipe technique n'hésitent pas à changer des cloisons de place, à faire passer de nouveaux câbles, à augmenter la capacité de production électrique… Tout est bon pour s'adapter aux besoins de la science !

Tara a connu une première vie de 1989 à 1996 sous le nom d'*Antartica*, destiné à l'exploration polaire, puis sous celui de *Seamaster* de 1996 à 2001 lorsqu'il a été repris par Peter Blake.

ARCHITECTES DE PLAISANCE

Que ce soit dans le domaine des courses ou du simple loisir, quelques architectes navals ont marqué leur époque par des réalisations ayant connu de singulières réussites.

Une flottille de Belougas.

EUGÈNE CORNU

Né en 1903 à Lorient, Eugène Cornu commence à travailler dès l'âge de seize ans comme dessinateur pour le constructeur d'hydravions Nieuport. Il passe ensuite au cabinet naval Jouët, à Sartrouville, où il est employé à la construction de navires de service et de voiliers. Il publie son premier plan à vingt ans dans la revue *Le Yacht*. Eugène Cornu a été l'un des plus prolifiques architectes navals français : le musée national de la Marine a en dépôt un fonds de cent trente plans originaux. Le Belouga, voilier de 6,50 mètres dessiné en 1943, fut construit à mille exemplaires par différents chantiers. Eugène Cornu a marqué son époque avec quelques-unes des plus belles réalisations de la plaisance classique, comme les voiliers *Jalina* (1946), qui gagna de nombreuses courses, dont Cowes-Dinard, *Striana* (1955) et *Hallali* (1956), qui fut labellisé par la fondation pour le Patrimoine maritime et fluvial.

PHILIPPE HARLÉ

Muscadet, Armagnac, Cognac, Sangria... Non, ce n'est pas le catalogue d'un marchand de vins, mais les noms de quelques-uns des voiliers dessinés par Philippe Harlé (1931-1991) auxquels il faudrait ajouter le Romanée, le Sancerre et quelques autres du même... tonneau.

Navire en contreplaqué, coûtant à l'époque moins de 10 000 francs, le Muscadet, modeste habitable de 6,40 mètres, dessiné en 1961, fut produit de 1963 à 1979. Le Sangria, lancé en 1970, un peu plus long, en résine de polyester, produit à plus de deux mille unités, est un des symboles de la démocratisation de la plaisance. Quant à l'Armagnac, apparu en 1966, il est un développement du Muscadet destiné autant à la compétition qu'à la croisière. Dans les années 1970, un plaisancier sur cinq naviguait sur un bateau dessiné par Philippe Harlé. Muscadet, Armagnac et Cognac étaient construits par les chantiers Aubin, près de Nantes.

Philippe Harlé dessina également le voilier de course *36-15 Met* avec lequel Jean-Luc Van Den Heede finit troisième du premier Vendée Globe en 1989.

Régate de Muscadet, port de Paimpol.

L'Open 570 du groupe Finot.

JEAN-MARIE FINOT

Né en 1941, l'architecte Jean-Marie Finot connaît avec l'Écume de mer, croiseur côtier de 8 mètres de long conçu en 1968, ses premiers succès sportifs et commerciaux. Il crée également la célèbre série des First pour le chantier Bénéteau. Le groupe Finot, fondé en 1970, proposera de nombreux et innovants voiliers de course, tant pour La Solitaire du Figaro que pour le Vendée Globe, que ses voiliers gagnent à quatre reprises, avec *Bagages Superior, PRB* (deux fois) et *Geodis.*
Les prototypes de course permettent d'expérimenter des matériaux novateurs, encore trop coûteux pour la plaisance « standard », comme la fibre de carbone, largement utilisée pour *Geodis* en 1994, qui allège considérablement le navire sans le fragiliser.

Série des First 40.

LE MUSÉE NATIONAL DE LA MARINE

La réouverture récente du site parisien du musée national de la Marine, au palais de Chaillot, a remis en lumière les trésors maritimes de cette institution dont l'origine remonte au XVIIIe siècle.

Du Louvre au Trocadéro

◆ Le musée national de la Marine tire son origine de la collection de modèles de navires et de machines portuaires offerte à Louis XV par Henri Louis Duhamel du Monceau en 1748. Inspecteur général de la marine, chimiste, botaniste et agronome, Duhamel du Monceau (1700-1782) a créé une école d'ingénieurs de la marine et souhaite que sa collection serve à leur instruction. Une « salle de Marine » est ouverte dans le palais du Louvre. Elle est fermée sous la Révolution.

◆ Sous l'Empire, un musée est ouvert en 1801 dans le ministère de la Marine, place de la Concorde, mais ferme peu après. Un ensemble de modèles est ensuite présenté au Grand Trianon.

◆ Par décret royal, le musée est officiellement créé fin 1827 et occupe plusieurs salles dans le Louvre. Il y restera plus d'un siècle. Outre les modèles de navire, il abrite au XIXe siècle des objets ethnographiques rapportés d'expéditions. Il est dirigé pendant plus de vingt années (1871-1893) par l'amiral François-Edmond Pâris, qui participa à l'expédition de Jules Dumont d'Urville dans le Pacifique (1826-1829) et publia en 1841 un *Essai sur la construction navale des peuples extra-européens*. L'amiral Pâris fit réaliser par l'atelier du musée deux cent trente modèles de navires traditionnels. Administré par la direction des Beaux-Arts, le musée a des difficultés à trouver sa place dans le Louvre. Il est placé sous la tutelle du Service historique de la marine en 1920.

◆ La construction du nouveau palais de Chaillot pour l'Exposition universelle de 1937 offre une opportunité de réaménagement des collections. Leur transfert est ralenti par la guerre, et c'est seulement en 1943 que le musée ouvre ses portes dans son lieu actuel.

Le musée possède deux modèles du *Valmy*, réalisés par l'atelier de l'arsenal de Brest pendant la construction du navire. Ils sont en matériaux précieux, utilisant ébène, argent et ivoire. Le *Valmy*, lancé à Brest en 1847, est le plus grand vaisseau à voiles de ligne non motorisé lancé en France. D'une longueur de près de 64 mètres, il était armé de cent vingt canons. Dans les faits, il atteint une limite : trop grand, trop lourd, il se révéla peu manœuvrable. Il fut navire amiral pendant la guerre de Crimée, puis siège de l'École navale à Brest sous le nom de *Borda III*. Démoli en 1891, il est l'héritier d'un monde naval finissant : ce type de navire sera remplacé peu après par les cuirassés à propulsion mixte.

Les modèles de navires

Le musée de la Marine expose une vaste collection de modèles de navires, dont un nombre important date du XVIIIe siècle. Les arsenaux de Brest, Rochefort et Toulon réalisaient ces modèles en parallèle avec la construction du navire. Ils pouvaient servir de gabarit. Certains, à grande échelle, tel le *Royal Louis*, au 1/18, avaient pour but l'instruction des officiers qui pouvaient ainsi se familiariser avec la construction navale, les gréements et le vocabulaire technique. Dans un même but pédagogique, la structure interne du navire est visible sur plusieurs modèles. La construction de modèles par les arsenaux continua au XIXe siècle. Le musée présente également des modèles de navires de commerce et de navires de plaisance.

La Réale

Parmi une importante collection de décorations navales dont l'âge d'or se situe du XVIIe au début du XIXe siècle, les collections comprennent des figures de proue, mais aussi des esquisses dessinées et des projets de figures en cire. La pièce maîtresse est l'ornement de poupe de la galère *La Réale*, de la fin du XVIIe siècle, qui célèbre la puissance de Louis XIV. Tritons, figures de la Renommée, bas-reliefs représentant les saisons sont dominés par l'image d'Apollon, symbole du Roi-Soleil. Navire amiral de la flotte des galères basée en Méditerranée, *La Réale* avait 57 mètres de longueur et était mue à la voile et à la rame. Décoration dorée et conditions de survie à bord – on ose à peine parler de conditions de vie – sont en totale contradiction.

Les ports de France

Le musée possède, déposées par le Louvre, treize des quinze vues des ports de France peintes par Joseph Vernet au XVIIIe siècle. Né à Avignon 1714, ce peintre de paysages et de marines reçut en 1753, après son retour d'Italie, une commande de Louis XV pour des vues des ports du royaume. Le peintre voyagea pendant dix ans sur les côtes pour prendre des croquis. Il s'agit de vues panoramiques de grande taille (2,63 x 1,65 mètres). La série connut un grand succès. Certains ports sont peints deux fois, comme Bordeaux, Bayonne ou Toulon. Les autres ports représentés sont Marseille, Dieppe, Rochefort, La Rochelle, Sète (alors appelée Cette), Bandol et Antibes. La vue de Bandol est centrée sur une pêche au thon. L'intérêt de la série dépasse le seul souci topographique : c'est toute l'activité du port et de sa population qui anime les quais et les chantiers qui est reproduite par Vernet. À ce titre, ces tableaux sont, outre leur qualité artistique, des documents irremplaçables.

La réouverture

Fermé au printemps 2017 pour rénovation, le site parisien du musée national de la Marine a été à nouveau ouvert au public en novembre 2023 avec une nouvelle présentation. À l'occasion des travaux, le canot d'apparat de Napoléon Ier a été transféré à Brest, où il est visible aux Ateliers des Capucins. La première exposition du musée rénové a été consacrée à la mer dans le cinéma

Le Port vieux de Toulon par Joseph Vernet.

À l'atelier de Brest œuvrèrent successivement **Jacques Étienne Collet** (1721-1808) et son fils **Yves Étienne Collet** (1761-1843). Parmi les œuvres de Jacques Étienne Collet survivent des modèles en cire de figures de proue réalisés d'après des dessins du sculpteur Charles-Philippe Caffieri : un soldat romain, projet pour *L'Intrépide* lancé en 1747 ; une Minerve ; un couple de sylphes sous un palmier pour *Le Palmier*, lancé en 1752 ; un Protée, pour le navire du même nom, ainsi qu'un Hercule. Particulièrement expressive est l'œuvre préparatoire pour le vaisseau *La Terreur*. Ces modèles soulignent le lien entre la figure de proue et le nom du navire. Yves Étienne Collet s'engagea sur les traces de son père. Apprenti dès son jeune âge, il devint chef de l'atelier de sculpture de l'arsenal en 1797. Le musée présente plusieurs figures colossales à sujet mythologique (Neptune, Amphitrite, Mars et Minerve) ainsi que des bustes de marin.

LES AUTRES SITES DU MUSÉE NATIONAL DE LA MARINE

Outre son site parisien, le musée national de la Marine dispose historiquement de quatre autres implantations sur le littoral : à Brest, Port-Louis, Rochefort et Toulon.

Le musée de Brest

◆ Il a succédé au musée naval de l'Arsenal fondé en 1826 et qui exposait essentiellement des maquettes. Évacuées pendant la Seconde Guerre mondiale, les collections ont été installées dans le château de Brest en 1958. Les arsenaux disposaient d'ateliers de sculpture pour la réalisation des figures et des décorations ornant les navires. Deux salles du musée évoquent l'Académie de marine, fondée à Brest en 1752, devenue Académie royale de marine en 1769, et l'expédition de La Pérouse. L'Académie tire son origine des réunions régulières qu'organisait à Brest le capitaine de vaisseau Sébastien François Bigot de Morogues avec des officiers de marine, des médecins, des ingénieurs et des architectes. Elle s'inscrit dans la perspective des Lumières : développer les connaissances maritimes et améliorer les instruments nautiques. Elle compta parmi ses membres des personnalités telles que Louis Antoine Bougainville et l'astronome Joseph Jérôme Lefrançois de Lalande. Le musée de Brest présente plusieurs objets ayant appartenu aux collections de l'Académie. La bibliothèque constituée par l'Académie est restée à Brest, au Service historique de la Défense. L'institution fut supprimée par la Convention en 1793. Son héritière, l'actuelle Académie de marine, a été fondée à Paris en 1921.

◆ L'Académie fut étroitement associée à la préparation de l'expédition de La Pérouse en la personne de Charles Pierre Claret de Fleurieu. Deux de ses membres, Charles Gabriel Morel d'Escures et Paul Fleuriot de Langle, périrent pendant l'expédition. Partie de Brest le 1er août 1785, l'expédition de La Pérouse explora le Pacifique de 1786 jusqu'au naufrage de ses deux navires, *La Boussole* et *L'Astrolabe* en 1788 sur l'île de Vanikoro, une des îles de l'archipel Santa Cruz à l'est des îles Salomon. Début 1788, La Pérouse, en escale en Australie, avait pu envoyer en Europe son journal et sa dernière lettre. Le sort de l'expédition resta inconnu jusqu'à ce que le capitaine marchand Peter Dillon ne découvre les traces du naufrage en 1826. Des fouilles sous-marines ont permis de localiser les épaves dans les années 1960, et plusieurs campagnes ont été menées à partir de 1981. Le musée de Brest met en valeur une trentaine d'objets (éléments d'accastillage, cloche de timonerie, ustensiles de cuisine) trouvés à Vanikoro.

Le musée de Port-Louis

Situé dans la citadelle qui surveillait l'entrée de la rade de Lorient, le musée de Port-Louis est axé sur le sauvetage maritime et l'archéologie sous-marine. Ses collections permettent de suivre l'évolution des moyens de secours et des équipements des sauveteurs au fil du temps jusqu'à l'époque contemporaine.

◆ Appelée « Trésors d'océans », la section archéologique doit beaucoup au don de cent cinquante-huit pièces fait par Franck Goddio en 2002. Archéologue sous-marin, il est le fondateur et le président de l'Institut européen d'archéologie sous-marine. Il a effectué de nombreuses fouilles aux Philippines et en Égypte. Le point fort de la collection provient du *Mauritius*, un navire de la Compagnie hollandaise des Indes orientales qui a fait naufrage au large du Gabon en 1609 et dont l'épave a été découverte en 1985.

◆ Musée municipal de Lorient, le musée de la Compagnie des Indes est installé depuis 1984 dans la citadelle de Port-Louis. Il a pour but d'évoquer l'histoire de la Compagnie des Indes, intimement liée à la rade de Lorient. On peut y voir notamment une maquette du *Soleil d'Orient*, vaisseau de 1 000 tonneaux, armé de soixante canons, lancé en 1671. Il donna son nom au chantier, « L'Orient », puis à la nouvelle ville qui supplanta ensuite Port-Louis.

Le musée de Rochefort

Il occupe l'Hôtel de Cheusses, ancienne résidence du commandement puis du Commissariat de la marine, situé au cœur de l'arsenal. Un premier musée fut ouvert en 1936, quelques années après la suppression de l'arsenal, mais dut fermer en 1940. Le musée actuel a été ouvert au public en 1974. Ses collections – modèles de navires à différents stades de construction, peintures, plans, photographies – permettent de suivre l'histoire de l'arsenal et de la ville de Rochefort qui lui doit son existence.

Le musée de Toulon

Il a été créé en 1814, mais le sculpteur de l'arsenal, Félix Brun, avait déjà réuni des figures et modèles dans son atelier quelques années auparavant. Le musée est implanté dans son cadre actuel depuis 1981. Outre un espace dédié à Vauban, premier créateur de l'arsenal et à la reconstitution de l'hôpital du bagne, une des spécificités du musée est la présentation de modèles à très grande échelle, destinés à l'instruction : celui, au 1/10, de *La Sultane*, frégate de vingt-six canons de la fin du XVIIIe siècle, et celui, au 1/12, du *Duquesne*, vaisseau de soixante-quatorze canons et de 55 mètres de long lancé en 1788.

LES VOILIERS HISTORIQUES

En dehors des rendez-vous périodiques comme l'Armada de Rouen, il est possible de visiter des voiliers anciens à quai dans leur musée ou, pour ceux qui naviguent, lors d'escales.

Où voir le Cutty Sark

King William Walk
Greenwich – Londres – Royaume-Uni
www.rmg/co.uk

LE CUTTY SARK

La silhouette du *Cutty Sark* accueille le visiteur qui arrive à Greenwich par bateau. Il est exposé à sec, à proximité du débarcadère.

Lancé en 1869 à Dumbarton en Écosse, il est le dernier clipper survivant construit pour le commerce du thé. D'une longueur de coque de 64,7 mètres (85,4 mètres hors tout), pourvu d'une voilure de 3 000 mètres carrés, ce trois-mâts carré fut parmi les plus rapides de son époque. Le commerce du thé avec la Chine était l'occasion de rivaliser entre les navires de commerce pour arriver le premier en Grande-Bretagne. Le *Cutty Sark* effectua huit voyages de thé et fut devancé d'une semaine par le clipper *Thermopylae* en 1872, suite à des avaries techniques. Affecté ensuite au transport de la laine entre l'Australie et l'Angleterre, il révéla toutes ses qualités en établissant plusieurs records de traversée. Il parvint à parcourir 363 milles nautiques en vingt-quatre heures, soit une moyenne de 15 nœuds à l'heure.

Il passa en 1895 sous pavillon portugais et prit le nom de *Ferreira*. En 1922, alors qu'il faisait escale à Falmouth, il fut reconnu, bien que son gréement ait été changé suite à un démâtage, par un capitaine à la retraite, Wilfrid Dowman, qui l'acheta, le restaura et en fit un navire-école. Après la mort de Dowman, il devint navire d'entraînement pour le Thames Nautical Training College. Une société pour sa sauvegarde fut créée après la guerre, en 1952. Il fut mis en cale sèche à Greenwich et ouvert au public en 1957.

Son exposition continuelle aux intempéries imposa un programme de restauration lancé en 2006. En 2007, un dramatique incendie manqua de le détruire. Le musée actuel a été inauguré par la reine Élisabeth II le 25 avril 2012. Le *Cutty Sark* est exposé surélevé de 3 mètres au-dessus d'une coupole de verre. Les visiteurs peuvent ainsi se promener dans une salle d'exposition sous sa coque et admirer l'impressionnante pureté de sa ligne.

Où voir le Belem

Le Belem est visitable lors de ses escales.
Son programme de navigation se trouve sur :
www.fondationbelem.com

LE BELEM

Lancé à Nantes en 1896, le *Belem* est le dernier grand voilier français de commerce datant du XIXe siècle naviguant encore. Il a une longueur de coque de 51 mètres (58 mètres hors tout) et une largeur maximale de 8,80 mètres. C'est un trois-mâts barque à coque en acier. Son grand mât culmine à 34 mètres au-dessus de la mer. La surface totale de sa voilure atteint 1 200 mètres carrés.

De 1896 à 1914, il transporte surtout des fèves de cacao du Brésil jusqu'en France. Il effectue également des voyages vers Montevideo ou les Antilles, échappant de peu à l'explosion de la montagne Pelée à la Martinique en 1902.

En février 1914, alors que sa carrière commerciale vient d'être arrêtée, le *Belem* est acheté par le duc de Westminster et passe sous pavillon anglais. Des travaux, dont l'installation d'un précieux décor en acajou, le transforment en yacht de luxe et il est pourvu de deux moteurs. En 1921, il est acheté par Arthur Ernest Guinness, de la célèbre

famille de brasseurs, et prend le nom de *Fantome II*. Il fait un tour du monde en 1923-1924.
Après la mort d'Arthur Ernest Guinness en 1949, il est acheté en 1951 par le financier italien Vittorio Cini et devient le bateau-école de la fondation Giorgio Cini, créée en mémoire de son fils décédé. Le *Fantome II* devient ainsi le *Giorgio Cini*, et des travaux l'adaptent à sa nouvelle fonction avec notamment la création de dortoirs. Sa dernière croisière a lieu en 1967. Trop vétuste, il est ensuite amarré dans le port de Venise. Des travaux sont toutefois entrepris et lui rendent son gréement d'origine.
Mis en vente en 1978, il est acheté par la Caisse d'épargne, début 1979, qui crée la fondation Belem pour exploiter le navire qui a repris son nom et son pavillon d'origine. Après sa restauration et son classement comme monument historique, il devient bateau-école civil. Pourvu d'un équipage de seize marins professionnels, le *Belem* accueille des stagiaires, néophytes ou non ; une vingtaine de stages de plusieurs jours ont lieu chaque année. Il a retrouvé Nantes comme port d'attache.
Le *Belem* participe régulièrement aux rendez-vous des grands voiliers tels que l'Armada de Rouen ou les Fêtes maritimes de Brest. Il est possible de le visiter à quai lors de ses escales.

LE VASA

L'histoire du *Vasa* est celle d'un échec. Le navire qui devait être le fleuron de la flotte suédoise ne navigua que 300 mètres avant de faire naufrage ! Mais cette catastrophe et les conditions exceptionnelles de conservation de l'épave en font l'unique navire du XVIIe siècle conservé en sa quasi-intégralité.
La construction du *Vasa* a été décidée en 1625. La Suède est alors en passe de dominer la Baltique. D'une longueur de coque de 61 mètres (69 mètres hors tout), large de 11,7 mètres et haut de 52,5 mètres de la quille au sommet du grand mât, le *Vasa*, vaisseau royal construit à Stockholm, pourvu d'un équipage de cent quarante-cinq hommes et pouvant transporter trois cents soldats, est armé de soixante-quatre canons ; de quoi intimider la flotte polonaise, principale rivale, qui vient de remporter plusieurs succès.
Le lancement a lieu le jeudi 10 août 1628, par beau temps. Outre l'équipage, des invités sont à bord et les quais sont noirs de monde. Le roi Gustave II Adolphe, en voyage en Prusse, est absent. Très vite, le vaisseau prend de la gîte puis se redresse, mais peu après, sous un léger coup de vent, il chavire, l'eau entre par les sabords et il coule, toutes voiles dehors, près de l'île de Beckholmen, loin encore de la pleine mer. Environ cinquante personnes périssent. C'est la consternation.
Une enquête est diligentée ; elle ne permettra pas de pointer les responsabilités. Les canons étaient bien arrimés. Malgré le lest, entre les canons, les mâts et les voiles, « il était plus lourd du haut que du bas » disent les hommes d'équipage. Après son renflouement, les calculs montreront qu'il était très instable. Trop grand, trop armé.

Où voir le Vasa
Musée *Vasa* / Vasamuseet
Galärvarvsvägen, 14– 11521 Stockholm – Suède
www.vasamuseet.se/fr

Dans les années suivantes, les tentatives de renflouement échouent. En revanche, dans les années 1660, avec l'aide d'une cloche à plongeurs, une cinquantaine de canons sont remontés. L'oubli se referme ensuite sur l'épave pour trois siècles.

Après plusieurs années de recherches, Anders Franzén, ingénieur passionné par l'histoire maritime, localise l'épave du *Vasa*. Une souscription nationale est lancée pour le renflouement, qui a lieu le 24 avril 1961. Il faudra ensuite le vider de sa vase, arroser et traiter la charpente, reconstituer le pont supérieur et le château arrière. Aujourd'hui encore, 95 % du navire sont des pièces d'origine.

L'exploration du *Vasa* a mis à jour un trésor artistique de cinq cents figures sculptées et deux cents ornements. Douze mille objets témoignent de la vie de bord et de celle des marins : tissus, monnaies, outils, jeux, ustensiles de cuisine…

Le musée, situé sur l'île de Djurgården, a été inauguré en 1990. Il est pourvu d'un toit de cuivre et trois mâts stylisés représentent la hauteur du navire. L'impressionnant quoique peu fiable *Vasa* y est exposé avec ses trésors. C'est le musée le plus visité de Suède.

LE HMS VICTORY

Le *HMS Victory* est pour l'Angleterre un symbole : ce fut le navire de Nelson lors de la bataille de Trafalgar le 21 octobre 1805.

La construction du *Victory* à l'arsenal de Chatham fut longue : commandé en 1758, il est mis à l'eau en 1765 et entre en service seulement en 1778. C'est un trois-mâts de plus de 56 mètres de long, pourvu de cent quatre canons répartis sur trois ponts. Son nombre de canons en fait, selon la définition britannique, un vaisseau de ligne de premier rang. Le terme « vaisseau de ligne » tire son origine du mode de navigation qui s'est développé pour les navires lourdement pourvus d'artillerie : l'un derrière l'autre pour éviter de se bombarder réciproquement. Il comptait un équipage d'environ huit cents hommes.

Le *Victory* a participé à la guerre d'Indépendance américaine, puis aux guerres de la Révolution et de l'Empire. Navire amiral sous le commandement de John Jervis, il prend part en 1797 à la bataille du cap Saint-Vincent, au sud-ouest du Portugal, où une flotte espagnole est défaite. Des travaux modifient son aspect au début du siècle suivant et il reprend la mer en 1803, d'abord en Méditerranée, puis en Atlantique. Pendant la bataille de Trafalgar, où Nelson meurt à son bord, il est très endommagé lors de son affrontement avec le *Redoutable* et doit être remorqué après le combat.

À partir de 1825, retiré du service actif, il reste mouillé à Portsmouth. Au vu de sa détérioration, la question de sa conservation se pose au début des années 1920, mais une campagne de presse permet de le sauver. Il est mis en cale sèche dans l'arsenal historique en 1922, puis restauré. Ouvert au public en 1928, il a depuis accueilli plus de vingt-cinq millions de visiteurs. Il est toujours officiellement en service en tant que navire amiral du First Sea Lord, le commandant général de la Royal Navy.

Où voir le Victory

Portsmouth Historic Dockyard
Portsmouth – Royaume-Uni
www.historicdockyard.co.uk

LE TROIS-MÂTS DUCHESSE ANNE

Le plus grand voilier visitable en France, d'une longueur de 92 mètres, a été construit en 1901 à Bremerhaven, en Allemagne. Ce trois-mâts carré – trois-mâts dont tous les mâts sont gréés de voiles carrées – avec une coque en acier, fut d'abord un navire-école de la marine marchande allemande sous le nom de *Gossherzogin Élisabeth* (« grande duchesse Élisabeth ») : l'époux de cette dernière, le grand-duc d'Oldenbourg, présidait l'association des voiliers-écoles allemands. Le navire fut considéré comme particulièrement réussi. Pourvu d'un équipage de vingt hommes, il pouvait embarquer de cent trente à deux cents élèves pour une formation de deux années, naviguant en Baltique, en Amérique du Sud ou en Afrique. Après trente années de navigation, à la suite de plusieurs avaries – incendie en 1928, collision avec un cargo en 1931 – et du développement de la marine à vapeur, il devint navire-école stationnaire à Hambourg en 1932. Saisi par l'armée britannique en 1945, il fut cédé à la France au titre des dommages de guerre.

Basé à Lorient puis à Brest, rebaptisé *Duchesse Anne*, il servit de cantonnement puis de dortoir. La Marine nationale ne lui trouvant pas d'utilité, quasi abandonné, il se dégrada peu à peu ; un beau gâchis ! C'est une vieille coque promise aux ferrailleurs que la ville de Dunkerque acheta en 1981. À l'issue d'une longue restauration où la possibilité de le refaire naviguer fut écartée, il a rejoint le musée portuaire en 1998. Il est officiellement ouvert au public depuis son centenaire, en 2001.

Trois sister-ships du *Duchesse Anne* sont toujours visibles : Le *Dar Pomoza* (1909), anciennement *Prinzess Eitel Friedrich* (1909), aujourd'hui à Gdynia (Pologne), Le *Schulschiff Deutschland* (1927) à Brème et le *Stastsraad Lehmkuhl*, anciennement *Grossherzog Friedrich August* (1914), basé à Bergen (Norvège), le seul à encore naviguer.

Où voir le Duchesse Anne

Actuellement en restauration, il sera de nouveau visible à partir de l'été 2025 au Musée portuaire de Dunkerque.

www.vasamuseet.se/fr

L'HERMIONE

L'*Hermione* est une frégate de la marine royale française lancée au printemps 1779. Sa construction, à l'arsenal de Rochefort, prit moins de six mois. Ce lancement s'inscrit dans la guerre maritime franco-anglaise commencée en 1778 et liée à la guerre d'Indépendance américaine. Gréée en trois-mâts carré, l'*Hermione* mesure 44 mètres de longueur de coque (66 mètres hors tout). Elle peut embarquer trois cents hommes et se révèle rapide, pouvant dépasser les 14 nœuds à l'heure. Elle est armée de vingt-six canons de 12 livres et de huit d'un plus petit calibre. Par rapport aux vaisseaux de ligne plus lourdement armés, les frégates se caractérisaient par leur maniabilité et leur légèreté.
Au cours de sa première campagne dans le golfe de Gascogne en 1779, elle capture six navires anglais (trois corsaires et trois navires marchands) et accompagne un convoi de navires français de l'île de Ré jusqu'en Bretagne. Au printemps 1780, elle embarque pour les États-Unis le marquis de La Fayette, parti apporter le soutien de la France, et parvient à Boston le 28 avril. Elle participe alors à la guerre d'Indépendance puis effectue une campagne dans l'océan Indien et revient, la paix proclamée, à Rochefort en 1784. Elle reprend du service à la Révolution pendant les guerres de Vendée mais s'échoue et coule sur le plateau du Four, haut-fond au large de La Turballe et du Croisic, le 20 septembre 1793.

En 1992, des passionnés d'histoire et de marine à voile lancent le projet de la construction d'une réplique de l'*Hermione*. Des fonds et le soutien de la ville de Rochefort, du département et de la région sont collectés par l'association Hermione-La-Fayette. La construction commence en 1997, dans la double forme de radoub de l'arsenal de Rochefort. La visite du chantier, à proximité du musée de la Marine, est ouverte au public, qui peut assister ainsi en réel aux travaux de construction d'un navire du XVIIIe siècle. La mise à l'eau, sans son gréement, a lieu en 2012, et le navire est enfin lancé en septembre 2014. Si cette nouvelle *Hermione* conserve les dimensions de l'originale ainsi qu'une coque en chêne, plusieurs modifications ont toutefois été effectuées : assemblage des pièces de charpente par boulons au lieu de chevilles, aménagement de la cuisine et des sanitaires, groupes électrogènes et deux moteurs pour manœuvrer dans les ports. Quant aux vingt-deux canons, ils ne sont pas utilisables...
L'*Hermione* effectua son voyage inaugural vers l'Amérique d'avril à août 2015. Elle fit escale à Yorktowm, où son ancêtre avait combattu, New York, Boston, Saint-Pierre-et-Miquelon. Elle a depuis effectué plusieurs croisières dans l'Atlantique, la Manche et la Méditerranée, et participé à des rendez-vous de grands voiliers.L'*Hermione* se trouve actuellement en cale sèche à Bayonne où d'importants travaux de carénage sont nécessaires, dus à une prolifération de champignons rongeant la coque. La situation est suffisamment grave pour que plusieurs polémiques soient apparues dans la presse sur l'origine et l'ancienneté du problème qui immobilise le voilier moins de dix ans après son lancement.

Une pionnière : Virginie Hériot

Richissime héritière, Virginie Hériot aurait pu être une simple mondaine. Sa passion pour la mer en fit une régatière chevronnée, une des premières femmes à inscrire son nom dans plusieurs compétitions.

Héritière

Née en 1890 au Vésinet, Virginie est la fille d'Olympe Hériot, propriétaire des Grands Magasins du Louvre. Quelques années après la mort de son père, en 1899, elle découvre la mer à bord du *Ketoomba* (rebaptisé ensuite le *Salvador*), une goélette à vapeur de 70 mètres de long achetée par sa mère. C'est ainsi sur une des plus importantes unités de la plaisance française que la famille effectue une croisière en Méditerranée d'avril à juin 1904. C'est le début d'une passion qui ne la quittera plus.

Premières courses

Virginie Hériot épouse en 1910 François-Marie Haincque de Saint-Senoch, un vicomte lui aussi passionné par la navigation, dont elle se séparera néanmoins en 1921. Elle découvre la compétition en 1912, à bord du voilier *Aile* qu'elle a fait construire. Ce sera le premier d'une longue série de navires qui porteront ce nom. Quant aux plus petits, de jauge 6 mètres, ils seront appelés *Petite Aile*.

Les succès

Après la Première Guerre mondiale, elle privilégie définitivement la navigation à la vie mondaine. Elle réside la plupart du temps à bord de ses navires luxueux : le *Finlandia* (de 85 mètres de long !) de 1921 à 1923, *Ailée*, une goélette de 44 mètres, ancien *Meteor* du Kaiser, puis *Ailée II*, trois-mâts de plus de 50 mètres.
Elle participe avec persévérance à de nombreuses régates et devient célèbre en 1928 en remportant, seule femme dans un équipage masculin, une médaille d'or aux Jeux olympiques d'Amsterdam sur *Aile VI*, construit l'année précédente. En 1929, elle remporte la Coupe de France, la Coupe d'Italie et celle du roi d'Espagne.
Elle gagna ainsi le surnom de « madame de la Mer ». On lui doit plusieurs livres et recueils de poèmes, dont *Le Bateau de mon enfance*, des carnets de voyage ainsi qu'un atlas des ports illustrés de ses dessins.

Épilogue

En août 1932, lors de régates à Arcachon, elle perd connaissance à bord de *Petite Aile V*. Ramenée à bord d'*Ailée II*, elle décède le lendemain, à quarante-deux ans. Une statue lui rend hommage sur le port de Cannes. Si *Ailée II* n'existe plus (coulé lors des bombardements de Brest, le navire fut déclaré irrécupérable après son renflouement), *Aile VI* navigue et régate toujours.
Une exposition a été consacrée à Virginie Hériot en 2024 au musée national de la Marine à Port-Louis.

GRAND ET PETIT PAVOIS

Les emplacements des pavillons sur un navire sont réglementés avec précision. Le pavillon national s'arbore à la poupe, le pavillon du pays visité lors d'une escale à l'étranger est à tribord (pavois de courtoisie), à hauteur des barres de flèches.

Le petit pavois, constitué du pavillon national, en plus de sa place habituelle, doit être à l'étrave et en tête de chaque mât. Les autres pavillons (pavillon de club, de propriétaire, et éventuellement de la nation en l'honneur de laquelle on pavoise) se distinguent du grand pavois. Pour ce dernier, ce sont les pavillons du code international des signaux qui sont hissés de la proue à la poupe du navire en passant par les mâts.

LE CODE INTERNATIONAL DES SIGNAUX

Le système de codes et de signaux qu'utilisent les navires pour échanger des messages importants, liés à la sécurité de la navigation et des personnes, est international. Vingt-six lettres sont associées à un pavillon différent qui possède lui-même sa propre signification. Par exemple, le pavillon alpha (A) permet à un navire de signaler qu'il a un scaphandrier ou un plongeur en action et que les autres navires doivent passer à distance. À ces signaux d'une lettre s'ajoutent dix flammes à valeur numérique. Les signaux d'une lettre peuvent se combiner : la combinaison des pavillons N et C signale qu'un navire est en détresse et a un besoin immédiat d'assistance.
Plusieurs codes ont été utilisés au cours de l'histoire. Le code actuel est entré en vigueur en 1901 et a connu plusieurs révisions.

A

•–

ALPHA

J'ai un scaphandrier en plongée ; tenez-vous à distance et avancez lentement.

B

–•••

BRAVO

Je charge, ou je décharge, ou je transporte des marchandises dangereuses.

C

–•–•

CHARLIE

Oui, ou réponse affirmative, ou le groupe qui précède doit être compris comme une affirmation.

D

–••

DELTA

Ne me gênez pas, je manœuvre avec difficulté.

E

•

ECHO

Je viens sur tribord.

F

••–•

FOXTROT

Je suis désemparé, communiquez avec moi.

G

––•

GOLF

J'ai besoin d'un pilote.

Par un navire de pêche : Je relève mes filets.

H

••••

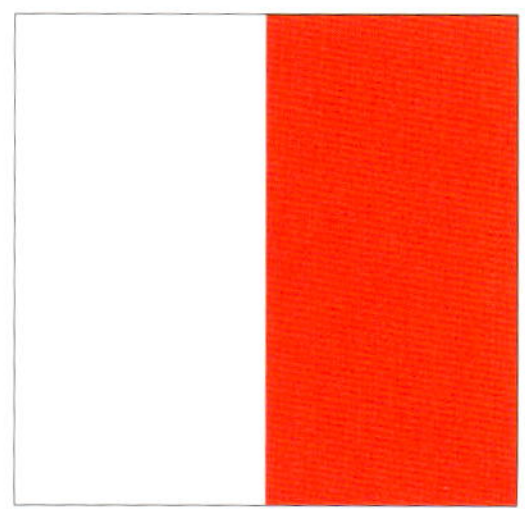

HOTEL

J'ai un pilote à bord.

I

••

INDIA

Je viens sur bâbord.

J

•–––

JULIET

Tenez-vous à distance, ou j'ai un incendie à bord et je transporte des marchandises dangereuses, ou j'ai une fuite de substances dangereuses.

K

–•–

KILO

Je désire entrer en communication avec vous, ou je vous invite à transmettre.

Pour les embarcations de secours : Cet emplacement est le meilleur endroit pour débarquer.

L

•–••

LIMA

Stoppez votre navire immédiatement.

M

––

MIKE

Mon navire est stoppé et n'a plus d'erre.

N

–•

NOVEMBER

Non, ou réponse négative, ou le signal qui précède doit être compris sous forme négative.

O

–––

OSCAR

Un homme à la mer.

P

•––•

PAPA

Au port : Toutes les personnes doivent se présenter à bord, le navire va prendre la mer.

À la mer : J'ai besoin d'un pilote.

Par un navire de pêche : Mes filets sont accrochés par un obstacle.

Q

––•–

QUEBEC

Mon navire est indemne, je demande la libre-pratique.

R

•–•

ROMEO

Reçu, ou j'ai reçu votre dernier signal.

S

•••

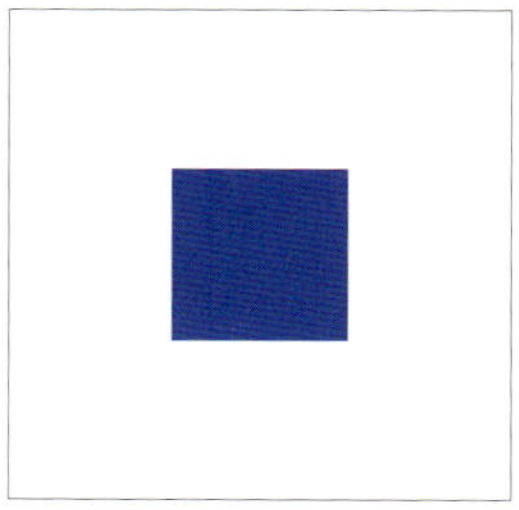

SIERRA

Je bats en arrière.

Pour les embarcations de secours : Il est extrêmement dangereux de débarquer ici.

T

–

TANGO

Par un navire de pêche : Ne me gênez pas, je fais du chalutage jumelé.

U

••–

UNIFORM

Vous courez vers un danger.

V

•••–

VICTOR

Je demande assistance.

W

•––

WHISKEY

Demande d'assistance médicale.

X

–••–

X-RAY

Arrêtez vos manœuvres et veillez mes signaux.

Y

–•––

YANKEE

Mon ancre chasse.

Z

––••

ZULU

J'ai besoin d'un remorqueur.

Par un navire de pêche : Je mets mes filets à l'eau.

LES FLAMMES NUMÉRIQUES

1

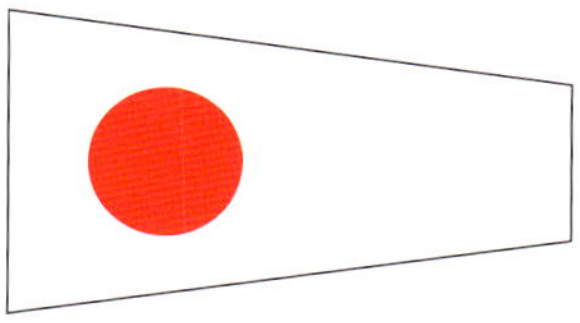

•−−−−

2

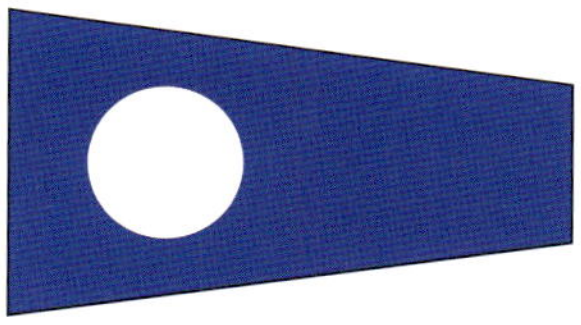

••−−−

3

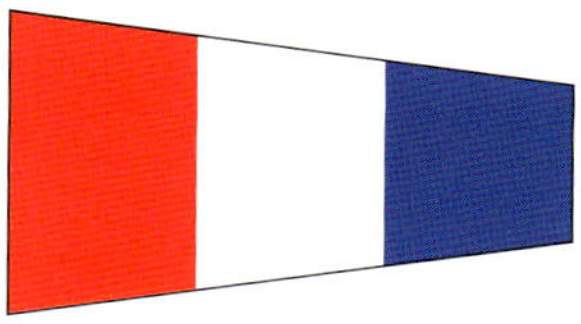

•••−−

4

••••−

5

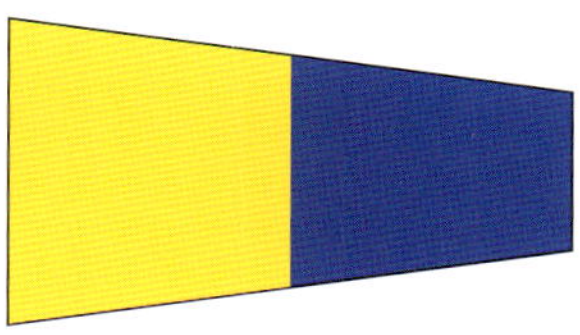

•••••

6

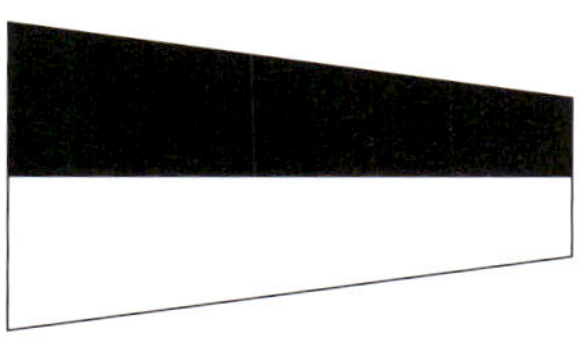

−••••

7

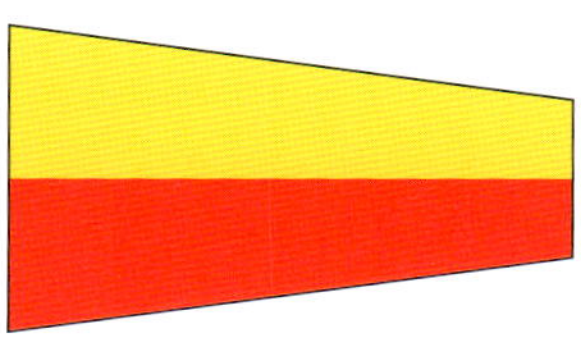

−−•••

8

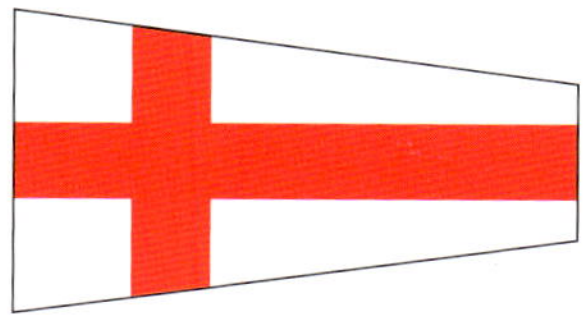

−−−••

9

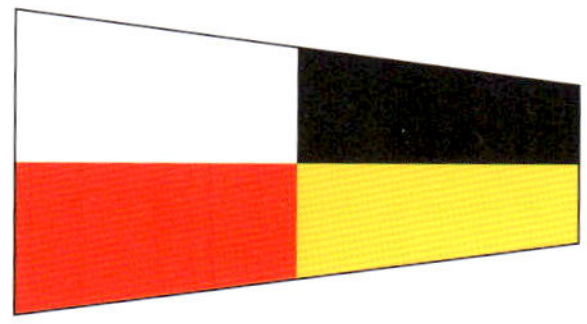

−−−−•

0

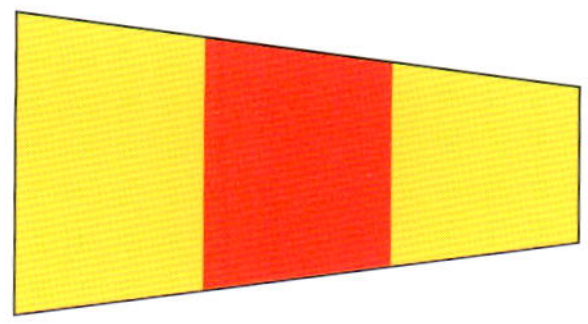

−−−−−

Flamme de code

Par l'émetteur : fin d'envoi d'un message.

Par le récepteur : à mi-drisse : message vu ;
à bloc : message compris.

Dans une suite de flammes numériques : virgule décimale.

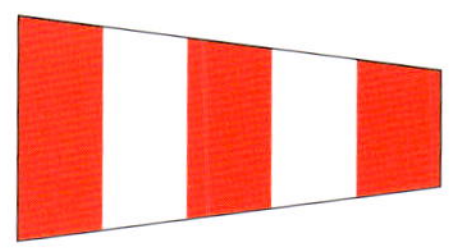

1er substitut

Répète le premier pavillon.

2e substitut

Répète le deuxième pavillon.

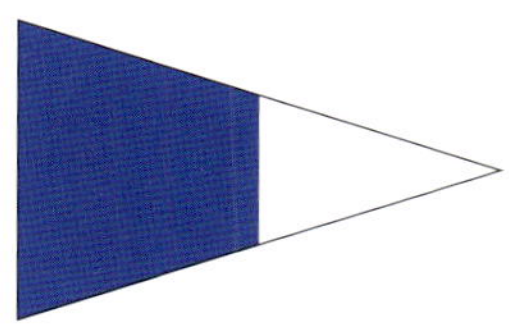

3e substitut

Répète le troisième pavillon.

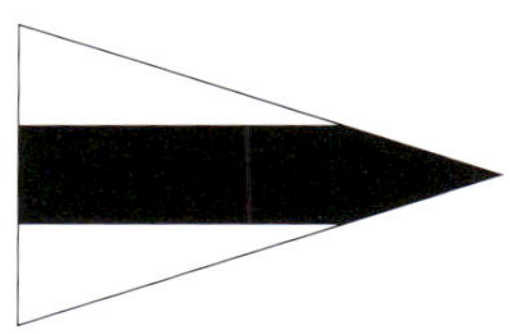

Construction à CLIN ou à FRANC-BORD ?

Il y a deux grands types de coques dans la construction traditionnelle des bateaux en bois. Dans la construction à clin, d'origine nordique, les bordages de l'embarcation se chevauchent comme les tuiles d'un toit et sont consolidés par des renforts intérieurs, les « membrures ». Les planches sont clouées entre elles. Les drakkars étaient construits ainsi. L'avantage est la légèreté.
L'autre technique, méditerranéenne, est dite « à franc-bord ». Sur la charpente intérieure, les bordages sont placés bord à bord et gonflent dans l'eau. Les interstices sont comblés par de l'étoupe. C'est la charpente interne qui assure la résistance. Le bateau est plus lourd mais plus robuste. Les Caravelles ont été bâties avec ce type de construction, d'où son autre nom : bordage à la caravelle.
Si les doris en Normandie ont généralement un bordage à clin, les pointus méditerranéens en ont un à franc-bord.

ENVERGURE

« avoir de l'envergure », « de grande envergure »

L'envergure est la longueur de côté d'une voile qui est lacée à une vergue (Charles Romme). Plus la longueur de la vergue est importante, plus l'envergure le sera. Par extension, selon la longueur de ses vergues, un vaisseau a plus ou moins d'envergure, de largueur.
Le terme a servi ensuite à désigner l'étendue des ailes d'un oiseau, d'une extrémité à l'autre, puis d'un avion. Au figuré, un projet de grande envergure est un projet ambitieux, important. Un phénomène, un complot d'envergure sont étendus. On parlera aussi d'un esprit de grande envergure, pour évoquer ses vastes capacités et son intelligence. Dans l'une de ses chroniques, Maupassant qualifie Gogol de « romancier de grande envergure ».

LES VOILIERS DE COURSE CÉLÈBRES

Leurs noms sont restés dans la mémoire collective et ils font désormais partie de l'histoire maritime.

Pen Duick IV *qui deviendra ensuite* Manureva.

Le premier Pen Duick.

PEN DUICK

Du premier *Pen Duick*, cotre de 15 mètres construit par l'architecte écossais William Fife III en 1898, à *Pen Duick VI*, ketch en aluminium de 22 mètres de 1973, en passant par le très novateur trimaran *Pen Duick IV* de 1968, les *Pen Duick* ont rythmé la vie d'Éric Tabarly.

Baptisé *Yum* par son premier propriétaire irlandais, renommé *Grisélidis* lorsqu'il est acheté en 1902 par André Hachette, il prend son nom actuel lorsqu'il devient propriété d'une famille nantaise en 1935. *Pen Duick* signifie en breton « petite tête noire » et désigne la mésange à tête noire. Guy Tabarly l'achète en 1938 et son fils apprend à naviguer à son bord.

Ayant passé la guerre embourbé dans une vasière, il est en mauvais état lorsqu'Éric Tabarly le récupère en 1952. Il est restauré en 1958, avec une coque neuve en polyester, l'ancienne coque servant de moule. À l'époque, c'est le plus grand voilier utilisant cette matière innovante.

Construit par le chantier Costantini qui avait restauré *Pen Duick*, *Pen Duick II*, monocoque de 13,60 mètres, est conçu pour la navigation en solitaire. Lancé en 1964, il remporte la même année la Transat anglaise, et les noms de *Pen Duick* et de Tabarly deviennent connus du grand public.

Mis à l'eau en 1967, *Pen Duick III* est une goélette de 17,50 mètres hors tout, en aluminium et pourvue d'un gréement Marconi. *Pen Duick III* est le premier navire français à avoir remporté la Fastnet Race et la Sydney-Hobart. Souhaitant explorer les potentialités d'un multicoque, Tabarly commande la construction de *Pen Duick IV*, trimaran de course qui est lancé en 1968. Tabarly joue cependant de malheur avec lui lors de la Transat anglaise de 1968 et doit abandonner. C'est avec Alain Colas que *Pen Duick IV* gagne cette même course en 1972. Rebaptisé *Manureva*, il disparaît avec son skipper en 1978 lors de la première Route du Rhum.

Lancé en 1968, *Pen Duick V* est le premier voilier monocoque à ballast. D'une longueur de 10 mètres, il se distingue par la largeur de ses lignes arrières qui annonce celle des futurs Open. Tabarly remporte à son bord la première Transpacifique (San Francisco–Tokyo) en 1969. Il est propriété du musée national de la Marine.

Dernier de la série, *Pen Duick VI* est un ketch en aluminium de 22 mètres de long datant de 1973 et conçu pour la course en équipage. C'est pourtant en solitaire que Tabarly gagnera à son bord en 1976 une nouvelle fois la Transat anglaise.

À l'exception de *Pen Duick IV*, tous les *Pen Duick* naviguent encore et bénéficient du label « navire du patrimoine ». L'association Éric Tabarly a en charge leur entretien et leur navigation.

JOSHUA

Reconnaissable à la couleur rouge de sa coque, le voilier *Joshua* a été construit en 1962 pour Bernard Moitessier (1925-1994), écrivain et navigateur. Ce ketch de 12 mètres de long tire son nom du navigateur solitaire Joshua Slocum. Après avoir fait à son bord le trajet Marseille-Tahiti, puis Tahiti-Gibraltar, Bernard Moitessier participe en 1968 avec *Joshua* au Golden Globe Challenge, première course en solitaire autour du monde. Alors qu'il est en passe de la gagner, il décide de ne pas rentrer en Europe et de se diriger vers la Polynésie, où il vivra de nombreuses années à bord de son bateau. En 1982, un cyclone drosse *Joshua* à la côte mexicaine de Californie. Le navire est renfloué mais Bernard Moitessier n'a pas les moyens de le remettre en état.
Retrouvé aux États-Unis en 1989, le voilier est racheté par le Musée maritime de La Rochelle. Restauré, il est classé en 1993 au titre des monuments historiques. Il est visible au port de La Rochelle, et il est possible de s'embarquer à son bord pour des sorties en mer et de courtes croisières.

Le ketch Joshua
de Bernard Moitessier.

VENDREDI 13

Si cette date est considérée comme favorable par les amateurs de jeux de hasard, elle ne fut guère synonyme de chance pour le voilier ainsi appelé. Il avait pourtant belle allure, avec l'aspect dépouillé de sa coque et de son gréement. Construit en 1972 en vue de la Transat anglaise sur des plans de l'architecte Dick Carter pour le navigateur Jean-Yves Terlain, *Vendredi 13* est une goélette à trois mâts de 39 mètres de long résolument moderne, construite en fibre de verre et mousse polyuréthane avec une quille en métal. Dès son lancement, des doutes surgissent sur la possibilité de manœuvrer un tel navire par un seul homme. Jean-Yves Terlain y parviendra, finissant à la deuxième place de la course, derrière Alain Colas.
Vendredi 13 est ensuite exploité en tant que charter dans les Antilles, puis, en 1976, participe à nouveau à la Transat anglaise avec Yvon Fauconnier à la barre, mais doit abandonner. Au début des années 1990, il effectue plusieurs missions humanitaires avec l'association Marins du monde avant d'être désarmé. Exposé à l'extérieur de l'éphémère Conservatoire international de la plaisance à Bordeaux, il est abandonné à la fermeture de ce dernier sur un terre-plein de l'ancienne base sous-marine . La question de sa restauration reste en suspens.

Florence Arthaud et la Route du Rhum, édition de 1990

La navigatrice déjoue les pronostics et décroche la victoire dans la Route du Rhum au terme d'une traversée épique. Elle est la première femme à remporter une grande course au large en solitaire.

Texte Olivier Bourbon

Route du Rhum
4e édition

Saint-Malo-Pointe-à-Pitre

3 542 milles

31 bateaux au départ

11 bateaux à l'arrivée

CLASSEMENT EN MULTICOQUE

1. Florence Arthaud (Française) en 14 jours, 10 heures, 8 minutes
2. Philippe Poupon (Français)
3. Laurent Bourgnon (Français)

PREMIER MONOCOQUE

Titouan Lamazou (Français)

Le gratin de la course au large en solitaire

Dans les jours qui précèdent le départ de la quatrième Route du Rhum, très peu d'observateurs imaginent Florence Arthaud capable de gagner l'épreuve. Certes, elle dispose d'une machine à la hauteur de son talent, un superbe trimaran de dernière génération, *Pierre Ier*. Elle a aussi une solide expérience, ayant notamment participé

aux trois premières éditions du Rhum (elle fut onzième en 1978, vingtième en 1982 et onzième en 1986), mais elle n'est pas au top de sa forme physique. Ses cervicales la font souffrir et elle arpente les pontons malouins avec une grande minerve. Une opération chirurgicale avait été envisagée, mais elle aurait compromis sa participation à la course. Hors de question pour la navigatrice de manquer ce rendez-vous avec l'histoire.
Florence fait face à une concurrence féroce : le tenant du titre, Philippe Poupon, Laurent Bourgnon, Loïck Peyron (qui a terminé deuxième du Vendée Globe quelques mois plus tôt), Mike Birch, Jean Maurel, Lionel Péan, entre autres. La Route du Rhum 1990 est aussi marquée par la limitation de la taille des bateaux à 60 pieds (18,28 mètres), pour des raisons de sécurité et de budget. Cela met hors de compétition certains marins de renom. Bruno Peyron, Francis Joyon et Hervé Laurent se voient refuser l'entrée avec leurs bateaux trop longs. Joyon coupe un morceau de son trimaran quelques jours avant le départ, tandis que Peyron et Laurent s'élancent « en pirates », c'est-à-dire sans figurer au classement officiel.

« Je plane, j'existe dans une autre stratosphère, une autre réalité »

Le départ est donné le 4 novembre. Tous les favoris ou presque subissent des soucis techniques durant cette traversée entre Saint-Malo et Pointe-à-Pitre, et Florence Arthaud n'est pas épargnée. Au moment où elle prend la tête, l'ambiance à bord de *Pierre I*er n'est pas à la fête. Florence rencontre des problèmes de pilote automatique, elle se retrouve aussi privée de communication avec la terre, et donc de toute information météo. Elle doit aller au bout d'elle-même, comme elle l'expliquera vingt ans plus tard dans son ouvrage *Un vent de liberté* : « Je barre vingt-deux heures ou vingt-trois heures sur vingt-quatre, n'ayant pas assez prévu de gasoil pour recharger les batteries. Je plane, j'existe dans une autre stratosphère, une autre réalité, je vis sans aucune nouvelle du monde des vivants, un peu sauvage, un peu animale, un peu philosophe – un tout petit peu –, un peu spirituelle. » Plus grave encore, la navigatrice est victime d'une hémorragie due, on l'apprendra plus tard, à une fausse couche. Elle songe à déclencher sa balise de détresse mais continue sa route, coûte que coûte.

Une victoire légendaire

Non seulement, Florence parvient à rester en course au prix d'efforts colossaux, mais elle résiste en plus aux assauts de ses poursuivants. Le 18 novembre 1990, elle franchit la ligne d'arrivée et triomphe en Guadeloupe, après quatorze jours et dix heures d'une traversée mouvementée (c'est un euphémisme). Florence, debout sur un flotteur de son bateau, cheveux au vent et vêtue d'un tee-shirt à l'effigie des Pogues : l'image est ancrée dans la mémoire collective. Devançant Philippe Poupon, Laurent Bourgnon et Mike Birch, elle devient à trente-trois ans la première femme à remporter une grande course au large en solitaire. Avec cette victoire devenue légendaire, Florence Arthaud ouvre la voie aux navigatrices telles Isabelle Autissier, Catherine Chabaud et bien d'autres. Rien ne pouvait arrêter Florence, elle méritait cette victoire, c'était son tour. Malgré toutes les difficultés rencontrées, elle a toujours cru en ses chances et a fait preuve d'une patience et d'une persévérance remarquables.

[Florence Arthaud en 7 dates]

1957 : Naît le 28 octobre à Boulogne-Billancourt (Hauts-de-Seine).

1978 : Finit onzième de la Route du Rhum pour sa première participation.

1982 : Écrit l'ouvrage *Fiancée de l'Atlantique*, Éditions du Pen-Duick.

1990 : Termine vainqueur de *la Route du Rhum* sur *Pierre 1*er. Élue championne des champions français par le quotidien sportif *L'Équipe*.

1997 : Finit première de la Transpacifique avec Bruno Peyron.

1998 : Se classe sixième de la Transat AG2R sur *Guy Cotten – Chattawak* avec Jean Le Cam.

2020 : L'écrivain Yann Queffélec lui consacre la biographie *La Mer et au-delà.*

PIERRE 1

LA NAISSANCE DE COURSES LÉGENDAIRES

Pari, gageure, il n'en fallut pas plus pour que quelques passionnés lancent des courses qui, sous des formes renouvelées, perdurent de nos jours.

La première course transatlantique

L'histoire commence en 1866 comme dans un roman de Jules Verne : un pari entre milliardaires américains, Pierre Lorillard, magnat du tabac et propriétaire du yacht *Vesta*, George et Franklin Osgood, propriétaires du *Fleetwing* et de sociétés minières, et J. Gordon Bennet, propriétaire du *New York Herald*, avec l'*Henrietta*. L'idée d'une course à la voile à travers l'Atlantique, avec un départ prévu le 11 décembre, en plein hiver, pour de simples yachts semble alors une folie. Les trois navires sont des schooners (des goélettes) d'une jauge modeste d'environ 200 tonneaux et d'un peu plus de 30 mètres de long. 90 000 dollars sont offerts au gagnant.

Le départ est donné le jour prévu à Sandy Hook, pointe sablonneuse au large de New York. C'est l'*Henrietta* qui parvient la première à l'île de Wight en 13 jours, 21 heures, 55 minutes, devant le *Fleetwing* (14 jours et 6 heures) et la *Vesta*, 40 minutes plus tard. La *Vesta* avait mené longtemps la course avant une erreur de navigation près des Sorlingues. Le *Fleetwing* avait à déplorer la mort de six hommes d'équipage. En 1870, une course eut lieu en sens inverse entre l'Irlande et Sandy Hook, gagnée par le yacht anglais *Cambria*. Cette même année, la goélette *Sappho* accomplit la traversée ouest-est en 12 jours et 9 heures, record qui tint plus de trente ans et valut à la goélette, qui remporta la Coupe de l'America en 1871, le surnom de « reine des mers ». Charles Barr abaissera ce temps à 12 jours 4 heures en 1905 avec la goélette à trois mâts *Atlantic*. Il faudra attendre ensuite soixante-quinze ans avant que ce record soit battu.

Le Cambria*, vainqueur de la course de 1870.*

Texte Olivier Bourbon

La première course en solitaire

L'Ostar, maintenant appelée « Transat anglaise », est la première course transatlantique en solitaire de l'histoire. En juin 1960, cinq hommes intrépides (quatre Britanniques et un Français) s'élancent de Plymouth pour tenter de rallier New York. Parmi eux, il y a Francis Chichester, un aviateur devenu marin.

À la fin des années 1950, l'idée même d'une course à la voile en solitaire est révolutionnaire. Alors que dire si cette épreuve se dispute dans l'Atlantique Nord et d'est en ouest, contre les vents dominants ? Pourtant, quelques marins britanniques, Francis Chichester et Blondie Hasler en tête, sont déterminés à lancer cette épreuve.

Chichester raconte dans son ouvrage *Seul en course* comment fut imaginée et lancée la première course transatlantique en solitaire, sous l'impulsion de Blondie Hasler : « La plupart des brillants navigateurs de compétitions océaniques, habitués à courir avec des équipages expérimentés et toujours au complet, considéraient cette course en solitaire comme une folie et redoutaient les réactions de l'opinion publique en cas d'accident… Je me levai alors pour déclarer que si personne ne voulait s'en charger, nous étions prêts, Blondie [Hasler] et moi, à nous lancer tous deux à travers l'Atlantique pour une demi-couronne. » Hasler espère que la préparation d'une épreuve si ardue incitera les participants à se libérer de certaines routines désuètes de la navigation. Les marins pourraient se concerter pour aboutir à des solutions innovantes, voire révolutionnaires, tant au niveau des équipements que de la tactique.

Le journal *The Observer* se laisse convaincre et décide d'organiser, en 1960, la course transatlantique en solitaire, baptisée « Observer Single-Handed Trans-Atlantic Race » (Ostar). En France, l'épreuve est appelée plus simplement « Transat anglaise ». Le 11 juin 1960, quatre marins britanniques hissent les voiles à Plymouth : les enthousiastes Francis Chichester et Blondie Hasler, bien sûr, mais aussi David Lewis et Valentin Howells. Arrivé en retard en Angleterre, le Français Jean Lacombe part quelques jours plus tard, sur le plus petit voilier de la flotte (6,50 mètres). Naviguant uniquement à l'aide de compas et de sextants, les marins n'ont alors que peu d'occasions d'envoyer des nouvelles à la terre. Hasler et Lewis choisissent la route du nord, Howells et Lacombe, celle du sud. À bord de *Gipsy Moth III*, Chichester choisit une voie médiane. Cette décision se paye par des conditions très difficiles : vents contraires, froid, brouillard. À chaque fois qu'il tente de faire route directe sur New York, le vent se met à souffler pile dans l'axe de son bateau. Chichester explique qu'une telle navigation revient à tenter d'atteindre une porte avec un homme dressé sur son passage, un tuyau d'arrosage pointé sur lui. Une image parlante pour celles et ceux qui ne connaissent pas la navigation. Après 40 jours, 12 heures, 30 minutes de navigation, le marin britannique remporte la première Transat anglaise. Deuxième : Hasler, 48 jours. Troisième : Lewis, 56 jours. Quatrième : Howells, 63 jours. Lacombe ferme la marche le 23 août, après 74 jours de mer.

Transat anglaise, première édition

Plymouth-New York

3 000 milles

5 bateaux au départ

5 bateaux à l'arrivée

CLASSEMENT :

1. Francis Chichester (Britannique) en 40 jours, 12 heures, 30 minutes
2. Blondie Hasler (Britannique)
3. David Lewis (Britannique)

Quatre des cinq concurrents de la première Transat anglaise avec de gauche à droite Francis Chichester, Blondie Hasler, Valentine Howells et David Lewis.

Sir Francis Chichester, le grand aviateur devenu grand marin

À cinquante-neuf ans, Francis Chichester entre dans la légende de la course au large, moins de dix ans après avoir découvert la voile. Avant de s'adonner à cette nouvelle passion, il avait en effet excellé dans l'aviation. Il s'était notamment engagé dans la Royal Air Force durant la Seconde Guerre mondiale. Il se reconvertit dans la navigation à la voile à l'âge de cinquante ans et transpose ses connaissances acquises dans l'aviation. Sa victoire dans la première Transat anglaise force le respect et précède d'autres exploits. À l'été 1967, il quittera Plymouth pour tenter un tour du monde par les trois caps, qu'il bouclera après deux cent vingt-six jours de mer. Pour cet exploit, le navigateur sera fait chevalier commandeur de l'Ordre de l'empire britannique, et deviendra donc « Sir » Francis Chichester. La reine Élisabeth II utilisera pour l'anoblir une épée ayant appartenu à Francis Drake, le premier Anglais à avoir réalisé un tour du monde à la voile, quatre siècles auparavant.

Texte Olivier Bourbon

La genèse du Vendée Globe

La deuxième édition du BOC Challenge se tient quatre ans après la première, en 1986-1987. Le parcours est identique : la première étape mène les solitaires de Newport (États-Unis) à Cape Town (Afrique du Sud), ils affrontent ensuite l'océan Indien pour rallier Sydney (Australie), avant de se mesurer au Pacifique et de passer le cap Horn pour atteindre Rio de Janeiro (Brésil). Enfin, la quatrième et dernière étape se dispute entre Rio et Newport. Vingt-cinq concurrents sont au départ, dont beaucoup engagés sur des bateaux spécialement conçus pour la course et bien préparés. La confrontation s'annonce rude. Philippe Jeantot remet son titre en jeu à bord de son nouveau monocoque, *Crédit-Agricole III*. Les Français sont bien représentés avec Titouan Lamazou, Jean-Luc Van Den Heede, Jean-Yves Terlain, Guy Bernardin…

C'est un navigateur sud-africain, John Martin, qui remporte la première étape à Cape Town, devant Philippe Jeantot. Comme on pouvait s'y attendre, le deuxième acte vers Sydney est difficile et marqué par la disparition de Jacques de Roux, dont le bateau est retrouvé vide. Titouan Lamazou l'emporte seulement quatre heures devant Philippe Jeantot, qui prend la tête au classement général et confirme sa domination en remportant la troisième étape au Brésil. Jeantot est en position très favorable pour le dernier parcours vers Newport, mais il se fait une frayeur : le mât de *Crédit-Agricole III* risquant de céder, il doit impérativement faire une escale technique à Recife, au Brésil. Il termine quatrième de l'étape et gagne au classement général après 134 jours de course, soit 25 jours de moins que lors de sa première victoire. Titouan Lamazou (137 jours) et Jean-Yves Terlain (146 jours) complètent le podium. Le retour de Philippe Jeantot dans son port d'attache des Sables-d'Olonne est triomphal. Le marin a de la suite dans les idées et déclare aux journalistes présents qu'il étudie une autre course, le tour du monde en solitaire sans escale et sans assistance, avec un départ des Sables-d'Olonne. En effet, cette idée un peu folle avait été évoquée par Philippe Jeantot et deux autres concurrents lors d'une escale… Retour en arrière. Nous sommes à Sydney, à l'issue de la deuxième étape du BOC Challenge. Philippe Jeantot, Guy Bernardin et le Sud-Africain Bertie Reed font le constat suivant : les escales du BOC sont trop longues et cassent le rythme de la course. Jeantot détaille : « Comme le décrit Bernard Moitessier dans son ouvrage *La Longue Route*, la communion avec la mer va crescendo au fur et à mesure que le temps passe. On entre en symbiose, on quitte le rythme terrien. À chaque escale, d'un seul coup, tout s'arrête. Tout cet acquis accumulé sur le bateau disparaît. C'est pourquoi nous avons imaginé le tour du monde en solitaire, sans assistance et sans escale, dans l'esprit du Golden Globe. » L'idée aurait pu rester au stade de l'utopie, mais c'était sans compter sur la volonté farouche de Philippe Jeantot qui transforme le rêve en réalité. Le 26 novembre 1989 est donné le départ du Vendée Globe Challenge.

Vendée Globe, deuxième édition

Étape 1 : Newport-Cape Town
Étape 2 : Cape Town-Sydney
Étape 3 : Sydney-Rio de Janeiro
Étape 4 : Rio de Janeiro-Newport
25 bateaux au départ

CLASSEMENT :

1. Philippe Jeantot (Français) en 134 jours
2. Titouan Lamazou (Français)
3. Jean-Yves Terlain (Français)

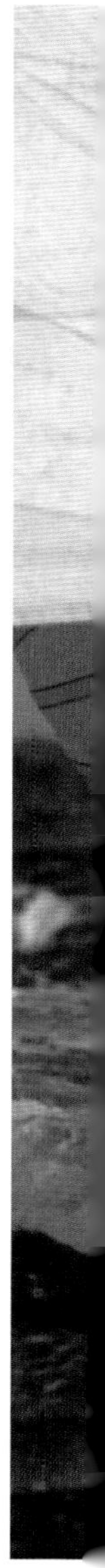

Philippe Jeantot, à bord du monocoque Crédit Agricole III, *remporte pour la deuxième fois le BOC Challenge.*

Bel ami

Après avoir pratiqué le canotage sur la Seine, à Chatou, Guy de Maupassant (1850-1893) acquit un voilier qu'il baptisa *Bel Ami*, du nom du roman qui lui valut la célébrité. Il eut ensuite un second bateau, *Bel Ami II*, de 14,60 mètres. Bien que d'origine normande, il fut attiré par les rivages méditerranéens. *Sur l'eau*, publié en 1888, raconte une promenade heureuse dans une région alors intacte et constitue le premier véritable récit sur la plaisance.

« Ce journal ne contient aucune histoire et aucune aventure intéressante. Ayant fait, au printemps dernier, une petite croisière sur les côtes de la Méditerranée, je me suis amusé à écrire chaque jour ce que j'ai vu et ce que j'ai pensé. En somme, j'ai vu de l'eau, du soleil, des nuages et des roches », écrit Maupassant dans le prologue de ce texte enchanteur.

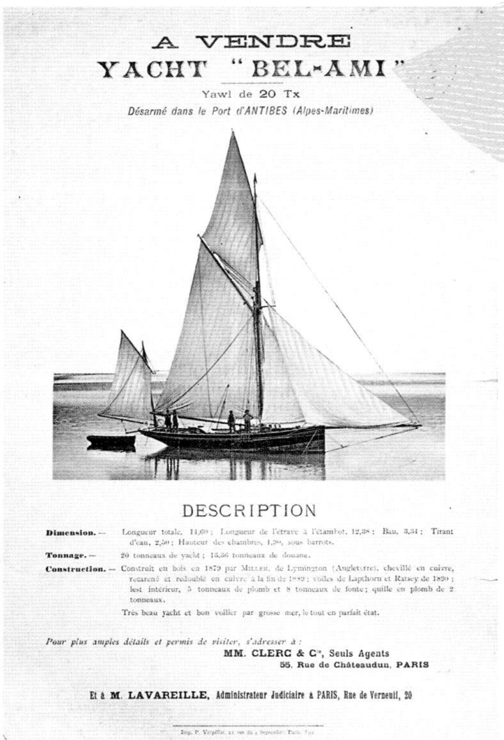

A VENDRE
YACHT "BEL-AMI"
Yawl de 20 Tx
Désarmé dans le Port d'ANTIBES (Alpes-Maritimes)

DESCRIPTION

Dimension. — Longueur totale, 11,60 ; Longueur de l'étrave à l'étambot, 12,38 ; Bau, 3,34 ; Tirant d'eau, 2,50 ; Hauteur des chambres, 1,96, sous barrots.

Tonnage. — 20 tonneaux de yacht ; 13,36 tonneaux de douane.

Construction. — Construit en bois en 1879 par Miller, de Lymington (Angleterre), chevillé en cuivre, recarené et redoublé en cuivre à la fin de 1889 ; voiles de Lapthorn et Ratsey de 1890 ; lest intérieur, 5 tonneaux de plomb et 8 tonneaux de fonte ; quille en plomb de 2 tonneaux.

Très beau yacht et bon voilier par grosse mer, le tout en parfait état.

Pour plus amples détails et permis de visiter, s'adresser à :
MM. CLERC & Cie, Seuls Agents
55, Rue de Châteaudun, PARIS

Et à M. LAVAREILLE, Administrateur Judiciaire à PARIS, Rue de Verneuil, 20

Voiliers d'écrivains

Maupassant, London, Verne : autant d'écrivains qui, la renommée venue, réalisèrent leur rêve en acquérant un navire de plaisance.

Le Snark

Plus que le Grand Nord, la mer joua un rôle essentiel dans la vie de Jack London (1876-1916). Jeune, London possède un sloop bientôt perdu, le *Razzle Dazzle*, et travaille dans une patrouille de pêche californienne, ce qui fera plus tard la substance du recueil de nouvelles *Les Pirates de San Francisco*. Il effectue ensuite une saison de chasse aux phoques dans la Pacifique sur le *Sophia Sutherland*, puis, la célébrité venue, il fait construire le *Snark*, un voilier de 17 mètres avec lequel il sillonne les îles du Pacifique. Il raconta ensuite son voyage dans *La Croisière du Snark*.

Les bateaux de Jules Verne

Les bateaux de Jules Verne (1828-1905) n'ont pas navigué que sur les pages de ses romans. Une anecdote familiale raconte comment il fugua à onze ans pour s'engager comme mousse. L'attrait de la mer le suivit toute sa vie, et dès que ses revenus le lui permirent, il acheta un navire.

Ce fut d'abord le *Saint-Michel I*, une chaloupe de pêche aménagée, puis en 1876, le *Saint-Michel II*, un cotre de 13 mètres dont il commanda la construction à un chantier havrais. Avec ces deux navires, dont le port d'attache était au Crotoy, il navigua dans la Manche.

Il acquit ensuite le *Saint-Michel III*, un steam yacht de plus de 30 mètres avec lequel il effectua, à partir de 1878, de longues croisières en Méditerranée, autour des îles Britanniques et en Baltique.

Une réplique du *Saint-Michel II* a été mise à l'eau à Nantes en 2009.

Le Bateau fantôme, *c.1889,*
peinture de William Lionel Wyllie.

LÉGENDES ET SUPERSTITIONS

Le monde maritime est riche de légendes et de superstitions ; du vaisseau fantôme au bateau des morts, des tempestaires à « l'animal aux grandes oreilles ».

Le vaisseau fantôme

La légende du vaisseau fantôme, également appelé *Le Hollandais volant* ou *Le Voltigeur hollandais* (*The Flying Dutchman*), hante l'imaginaire maritime. Le folkloriste Paul Sébillot (1843-1918) liait cette légende à celle du bateau des morts des légendes bretonnes. Dans *Scènes de la vie maritime* (1832) Augustin Jal évoque *Le Grand Chasse-Foudre* sur lequel embarquent les marins morts « et qui reste cent ans à virer de bord et deux siècles pour lever-z-une ancre ». La légende est répandue hors d'Europe comme en témoigne l'écrivain chilien Francisco Coloane mentionnant le *Caleuche*, qui erre près des côtes chiliennes et de l'archipel de Chiloé.

Les poètes de l'époque romantique contribuèrent à donner son éclat à la légende. Le vaisseau fantôme apparaît ainsi dans *Le Dit du vieux marin* du poète anglais Samuel Taylor Coleridge, chez Henri Heine et dans les « Paysans du bord de mer », de Victor Hugo, poème de *La Légende des siècles* :

> « *C'est le Hollandais !*
> *La barque*
> *Que le doigt flamboyant*
> *marque !*
> *L'esquif puni !*
> *C'est la voile scélérate !*
> *C'est le sinistre pirate*
> *De l'infini !*
> *Il était hier au pôle*
> *Et le voici ! Tombe et*
> *geôle,*
> *Il court sans fin.* »

L'ancien marin et écrivain Frederick Marryat (1792-1848) a, dans son roman *Le Vaisseau fantôme*, publié en 1839, synthétisé les éléments épars de la légende. Vers 1630, un navire hollandais, l'*Amsterdamois*, de retour des Indes, ne parvient pas à franchir le cap de Bonne-Espérance. Les éléments sont contre lui et il lutte en vain pendant dix-huit mois. Son capitaine, au lieu de chercher refuge dans une baie, s'acharne avec force blasphèmes et imprécations. Au milieu de la tempête, il jure de franchir le cap quand bien même il devrait naviguer jusqu'au Jugement dernier. C'est trop tenter le diable ! Telle est l'origine de la malédiction. Le navire est depuis aperçu ici où là, souvent près du cap de Bonne-Espérance, parfois près du détroit de Magellan. Au milieu d'une tempête, il semble naviguer sur des eaux calmes, et il semble lutter contre des vagues furieuses si on le croise par temps serein. Nul ne veut monter à bord se charger des lettres des marins, ce qui serait un moyen de lever la malédiction.

Richard Wagner a fait de cette légende le sujet de son opéra *Le Vaisseau fantôme* (*Der Fliegende Holländer*), représenté pour la première fois en 1843. Là aussi, le voilier est condamné à errer sur les océans pour l'éternité à cause d'un blasphème proféré par son capitaine un jour de tempête au passage d'un cap. Le navire peut toutefois toucher terre tous les sept ans. L'amour fidèle d'une femme pour le capitaine pourrait alors lui apporter la paix ainsi qu'à son équipage. Dans *La Balade du vaisseau fantôme*, air du deuxième acte, le navire est ainsi décrit :

> « *Avez-vous vu le*
> *vaisseau mort,*
> *Mât noir et voile rouge ?*
> *Pâle, un homme veille à*
> *son bord*
> *Sans que jamais il ne*
> *bouge !* »

Superstitions maritimes

Cheveux et marée

Le folkloriste Paul Sébillot (1843-1918) a noté, en Bretagne, la croyance selon laquelle une femme qui avait son mari, des parents ou des proches en mer ne devait pas peigner ses cheveux une fois la nuit tombée, sous peine de leur attirer malheur. La même croyance a été relevée en Écosse.

Il cite également ce dicton, recueilli dans la région de Saint-Brieuc : « À mer montante de Noël, garçon qui naît devient capitaine. » Selon les régions de Bretagne, un malade avait plus de risques de mourir à marée haute ou à marée basse.

Du danger de siffler

Il ne faut pas siffler à bord d'un navire, cela peut provoquer un vent fort, une tempête. Cette superstition, quasi universelle, est restée vivace. Si un voilier était encalminé, immobilisé par l'absence totale de vent, siffler pouvait être une solution pour éveiller la brise. Il fallait cependant prendre ses précautions, notamment siffler en tenant fortement le mât.
L'écrivain américain Henry Longfellow a écrit dans un de ses poèmes :

> « *Il n'y a pas si longtemps*
> *Je sifflais en invoquant saint Antoine*
> *Pour qu'un peu de vent gonfle notre voile*
> *Mais au lieu de la brise il a envoyé la tempête.* »

Longues oreilles

« L'animal aux longues oreilles », le cousin du lièvre, est censé porter malheur en mer. La simple prononciation du nom pouvait générer des catastrophes, d'où l'usage de périphrases… Plusieurs explications ont été données à cette croyance. La première est bien sûr les dégâts que pourrait causer ce rongeur dans les cordages et l'étoupe. L'autre rejoint l'image populaire du lapin lié d'une part au diable et d'autre part, sous son nom de « connil », à la femme, elle-même longtemps malvenue à bord des navires.

Momies à bord

Voici pour le moins une superstition qui n'a plus guère d'objet ! Avoir une momie ou un morceau de momie à bord était s'exposer à des conditions de navigation contraires. Cette croyance était surtout méditerranéenne. Il y avait de fait un trafic de momies entre l'Europe et l'Orient, ces dernières, vraies ou fausses, étant utilisées dans des préparations médicinales. François de La Boullaye-Le-Gouz, qui voyagea longuement en Orient, raconte dans ses *Voyages et Observations du sieur de La Boullaye-Le-Gouz* (1653) que lors de son retour, quittant Rhodes, « […] le capitaine, voyant que nous ne pouvions faire chemin, me demanda si je n'avais point quelque momie dans mes sacs, qui nous empêchait d'aller et qu'il faudrait retourner en Égypte pour la reporter, la plupart des Provençaux ayant opinion que les vaisseaux qui transportent les momies d'Égypte ont peine à arriver à bon port ».

Marchands et marchandes de vent

Des magiciens et des sorcières, dits tempestaires, avaient dans l'Europe du Nord la réputation de procurer des vents favorables ou défavorables à volonté. Walter Scott se fait l'écho de cette légende dans son roman *Le Pirate* qui se passe dans l'archipel écossais des Orcades. Une méthode souvent employée s'appuyait sur trois nœuds faits à une corde ou à un mouchoir. Une légende raconte ainsi qu'une sorcière marchande de vent remit à un marin qui voulait se rendre en Irlande une corde avec trois nœuds. En défaisant le premier il eut une jolie brise, au deuxième le vent fraîchit, et lorsqu'il dénoua le troisième s'éleva un ouragan.

Les coquilles d'œufs

En mer, il faut écraser les coquilles d'œufs car elles pourraient servir de bateaux pour des êtres malfaisants. Ainsi, le maître coq devait briser les coquilles avant de les jeter par-dessus bord. Soyez donc prudent si vous préparez une omelette à bord !

La Sorcière,
gravure d'Albrecht Dürer.

Écologie & voile

Souci écologique aidant, des projets en cours d'aboutissement remettent la propulsion vélique d'actualité pour la navigation commerciale. La protection de la mer, pour le plaisancier, c'est aussi des gestes simples et des précautions à prendre.

Pour un carénage respectueux de l'environnement

Des organismes marins se fixent naturellement sur la partie immergée de la coque, alourdissant et détériorant le navire, et limitant ses performances. Les feuilles de cuivre clouées sur la coque ont fait partie des procédés historiquement employés pour ralentir ce processus. Dans la seconde partie du XXe siècle, les biocides à base de TBT (tributylétain) ont été universellement utilisés. Efficaces, ils étaient particulièrement nocifs pour l'environnement et pour l'homme, soit de manière directe (inhalation lors du ponçage de la couche ancienne d'antifouling ou application de la peinture sans masque adéquat), soit indirectement via la chaîne alimentaire. Le TBT est désormais interdit.

Des peintures moins nocives, certaines sans cuivre ni étain, d'autres continuant d'utiliser les propriétés du cuivre, sont disponibles, mais leur composition n'est pas anodine. Il importe d'en respecter le dosage et les précautions d'emploi du fabricant. Il existe aussi un système à base d'ultrasons, utiles pour les petites unités, ou des moyens simplement mécaniques comme le Parefouling, un film amovible en tissu qui isole la carène du milieu aquatique. Le Parefouling s'installe à la fin de la saison, quand le bateau est immobilisé pour l'hiver, et se dépose pour les périodes d'utilisation. Il retarde l'emploi d'antifouling.

Quel que soit le produit utilisé, le carénage doit s'effectuer dans les aires prévues à cet effet, équipées d'un système de récupération des eaux de lavage. Il est interdit de caréner sur la plage.

Le Canopée, *cargo à assistance vélique.*

Que faire en cas de découverte d'une pollution marine ?

Le plaisancier qui découvre une pollution marine doit la signaler au Centre régional opérationnel de surveillance et de sauvetage (Cross) le plus proche, soit par VHF, soit en composant le 196.

Il en est de même en cas de découverte d'une épave dangereuse non signalée ou de toute circonstance pouvant entraîner un danger pour les autres navigateurs.

Les nouveaux cargos à voile

L'utilisation de la puissance vélique pour les navires marchands est à l'ordre du jour : il s'agit de diminuer l'impact carbone du transport maritime, et par ailleurs, les économies réalisées en matière de coût d'énergie ne sont pas négligeables… En France, la société Grain de Sail fait figure de pionnière, avec un premier navire de 24 mètres utilisé pour des frets à haute valeur ajoutée comme le café ou le cacao. Le *voilier Grain de Sail II*, plus ambitieux avec ses 52 mètres de long, a été lancé début 2024. C'est toutefois grâce au *Canopée*, cargo mixte de 121 mètres de long, inauguré officiellement à l'automne 2023, qu'un seuil est franchi. Le *Canopée*, pourvu de quatre mâts de 136 mètres de haut avec voiles arisables et rotatives de type Oceanwings, est destiné au transport d'éléments de la fusée Ariane vers la Guyane. Sa propulsion vélique lui permet d'économiser jusqu'à 30 % de carburant sur une traversée. Certes, avec leurs voiles gonflables, le rotor, leurs ailes de kite, les gréements de nombre des nouveaux cargos en projet n'ont guère de point commun avec les voiliers traditionnels, mais dans un avenir proche, on pourra revoir des mâts dans les bassins des ports de commerce. Des études tablent sur plus de mille cargos à voile vers 2030.

Catherine Chabaud, service gagnant

Incontestable pionnière de la course au large dans les années 1990 et 2000, Catherine Chabaud a cessé la voile de haut niveau pour s'investir tous azimuts dans la défense de la mer et du littoral. Cet engagement associatif et politique ne lui a jamais fait perdre le goût des embruns. La preuve.

Texte Stéphane Dugast

C'est l'histoire d'un retour inattendu, voire d'une résurrection inespérée. Vingt ans après avoir raccroché son ciré, Catherine Chabaud, alors députée européenne, a décidé de participer à l'édition 2022 de la Route du Rhum. Une nouvelle tranche de vie sur un navire cher à son cœur : *Cigare rouge*, le monocoque sur lequel elle est devenue la première femme à boucler le Vendée Globe en 1996-1997. Gréé en *yawl*, ce voilier 60 pieds possède une longue histoire. D'abord barré par Jean-Luc Van Den Heede (2e du Vendée Globe 1992-1993), il a été sa propriété en

1996 sous les couleurs de *Whirlpool-Europe* 2 avant d'être cédé à Karen Leibovici (9e du Vendée Globe 2004-2005), puis d'être revendu et finalement laissé à l'abandon dans le port de La Rochelle. Jean-Marie Patier l'a alors racheté 13 000 euros aux enchères dans l'ambition de participer à une seconde Route du Rhum, avant de renoncer et d'annoncer à sa femme qu'il allait finalement revendre le bateau. L'idée a fait tilt chez son épouse… Catherine Chabaud, comme elle l'a confié au quotidien *Le Télégramme* : « Là, je me suis rendu compte que je voulais y aller. » L'opportunité était d'autant plus belle à saisir que la perte de sa maman l'interrogeait, et que son fils était désormais presque majeur, elle qui avait été maman à 43 ans et qui n'avait jusque-là jamais envisagé de larguer les amarres familiales : « Mon fils, qui ne m'a jamais connue en tant que navigatrice, est adolescent et moi, je vois l'âge qui avance… Je me dis que la vie doit être vécue à 200 %. »

Une députée embarque

Forte de ces constats, Catherine décide donc tout logiquement de revenir à la compétition, un défi qui impose cependant de se préparer sérieusement sur le plan physique (natation, Pilates et bientôt coach sportif). Cette mue est d'autant plus indispensable que, alors députée, elle mène depuis des années une vie citadine, avec des heures, voire des journées passées, assise et passive, derrière un écran ou en réunion. « Je sais que ça va être difficile mais j'ai pris la décision d'y aller. À aucun moment je ne vais reculer »[1], précise celle dont l'opiniâtreté est l'une des qualités phares. Autre argument décisif dans son choix, celui de ne pas avoir à se lancer dans la recherche fastidieuse de sponsors. Son bateau est prêt, *Cigare rouge* portera les couleurs de son combat politique avec son leitmotiv plus qu'évocateur : « L'océan comme bien commun de l'humanité. » « Un très beau message », souligne celle qui a basculé dans le monde politique en 2017 après trois refus. « La politique n'était pas mon sujet. Aujourd'hui, ça l'est ! » Défi personnel, ce retour dans la voile est aussi pour elle une vitrine médiatique supplémentaire dans son combat de « merrienne », comme elle le confie au *Télégramme* : « J'aimerais vraiment faire comprendre à tous les citoyens européens qu'ils ont un lien avec la mer, qu'ils sont tous concernés même quand on n'a pas des frontières maritimes. »

Ce projet hors des clous et chronophage lui a aussi imposé des devoirs, dont celui d'avertir par loyauté son « employeur », le bureau des députés au Parlement européen. Ce retour à la vie de skippeuse est-il d'ailleurs compatible avec son mandat ? Il l'est ! Catherine bossera la semaine, et s'entraînera les week-ends ou lors de ses congés. Elle accomplira son parcours de qualification dès qu'un trou dans son agenda l'autorisera. Un député du Parlement européen – féminin et marin – va prochainement participer à une course au large, peu banal ! Cette décision, elle l'assume totalement tant ce projet résonne en elle : « C'est parce que j'ai navigué pendant 20 ans que je suis aujourd'hui légitime à parler de la mer. J'ai besoin aujourd'hui de renouveler cette expérience pour renforcer cette légitimité mais aussi prendre le recul du large. » De ce rebond inattendu, Catherine n'élude rien quant à son attachement viscéral au grand bleu : « J'ai toujours aimé être en mer, sur du temps long. En vérité, la mer me manque… »[2] En fait, Catherine Chabaud ne s'est jamais totalement coupée de l'océan. Elle a continué de naviguer mais sur un mode loisir, en famille, en équipage ou en double

Catherine Chabaud en 7 dates

1962 : Naît à Bron, banlieue de Lyon, le 29 novembre.

1997 : Boucle son premier Vendée Globe en 6e position à bord de Cigare rouge, baptisé du nom de ses deux sponsors principaux : Whirlpool-Europe 2.

2001 : Contrainte d'abandonner le Vendée Globe à la suite du démâtage de Whirlpool.

2004 : Copilote l'expédition mer-montagne « Les montagnes du silence » avec des malentendants en Géorgie du Sud.

2007 : Coécrit Possibles rêves, prix du meilleur livre de sport de l'année.

2015 : Sacrée « Femme de l'année » à Monte-Carlo.

2022 : Deuxième en classe Rhum Mono de la Route du Rhum.

avec Jean-Marie, son époux. Cette fois, il s'agit pour elle de retrouver la solitude et la compétition avec une arrière-pensée en tête, celle de finir une course sur laquelle elle a abandonné en 1998. Sa tête de mât avait alors cassé à 600 milles de l'arrivée. Avec un Rhum terminé, la boucle serait donc pour ainsi dire bouclée pour celle qui s'est révélée au grand public lors du Vendée Globe, édition 1996-1997. Un autre siècle…

Sur tous les fronts

23 mars 1997, Catherine Chabaud franchit sur *Whirlpool-Europe 2* la ligne d'arrivée aux Sables-d'Olonne après 140 jours, 4 heures et 38 minutes de course. Certes, elle n'a pas remporté l'épreuve mais elle est consacrée première femme à terminer un tour du monde en solitaire et sans escale, une prouesse loin d'être une évidence pour cette Lyonnaise d'origine arrivée à ses fins en construisant un à un ses défis. Son baccalauréat en poche obtenu en 1980, Catherine suit, en effet, d'abord des études de mathématiques appliquées à Paris-Dauphine, où elle cofonde la course-croisière Spi-Dauphine en 1981. Premier virement de bord, elle décide de suivre des études de journalisme par passion. Diplôme en poche, elle se lance dans le métier, collabore au magazine *Thalassa* et à différents titres nautiques. Elle renoue avec ce milieu, sa carrière de skippeuse achevée. De 2000 à 2005, elle est à l'antenne d'Europe 1 en charge d'une chronique sur le développement durable, ou encore consultante de 2005 à 2007 sur Europe 2. Femme à l'aise au micro, elle manie aussi la plume. Elle

publie en 2007 *Femme libre, toujours tu chériras la mer*[3], ou encore, l'année suivante, *Préserver la mer et son littoral*[4], un guide qui vise à donner des clés de compréhension afin de mettre en œuvre au quotidien les principes du développement durable et de l'écologie en mer et sur le littoral.

Son engagement tous azimuts ferait oublier son palmarès pourtant éloquent avec deux tours du monde en solitaire sans escale (Vendée Globe 1996 et 2000), treize traversées de l'Atlantique (dont quatre en solitaire), des participations à la Solitaire du Figaro, au Tour de l'Europe et au Tour de France à la voile. Vainqueur de la Mini-Fastnet 1992 ou de la Fastnet 1999 (sur mono 60 pieds), la journaliste-navigatrice avait donc logiquement pris le départ du Vendée Globe 1996-1997, une 3e édition marquée par sa participation et celle d'Isabelle Autissier. Deux femmes prennent ainsi part pour la première fois à une course en solitaire et sans escale, d'ores et déjà légendaire. Catherine fait partie des six skippers qui parviendront à terminer ce tour du monde. Isabelle réussit une belle performance, 2e sur les talons de Christophe Auguin (le futur vainqueur) quand une avarie la contraint à faire escale en Afrique du Sud pour réparer son voilier, la mettant *de facto* hors de course. Elle repart et fait d'ailleurs partie des skippers qui tenteront de porter secours, en plein Pacifique et en pleine tempête, au Canadien Gerry Roufs[5], sans succès…

Quant à Catherine, l'édition suivante du Vendée sur *Whirlpool* lui sera à son tour fatale. Le cœur n'y est plus. En 2002, Catherine décide de tourner la page de la compétition. Est-elle dégoûtée par ses abandons suite à deux démâtages (Route du Rhum 1998 et Vendée Globe 2000-2001) ou une avarie (Transat anglaise 2000) ? Probablement. Éprouve-t-elle le besoin de souffler ? Sûrement. À terre, Catherine s'investit sur des projets tournés vers le grand bleu et sa protection. Elle n'hésite pas à cumuler les casquettes. Elle est tour à tour, membre du jury du prix littéraire du salon nautique ou du Conseil supérieur de la navigation de plaisance. En juin 2014, à l'occasion de la Journée mondiale de l'océan, elle devient membre fondatrice de la plateforme Océan et climat, avec l'appui de la commission océanographique intergouvernementale de l'Organisation des Nations unies pour l'éducation, la science et la culture (Unesco). Elle est ensuite nommée ambassadrice lors de la COP21 afin de faire entendre la voix de l'océan lors des négociations. Cofondatrice de l'association Innovations bleues (pour un « développement durable des activités maritimes »), elle copilote le projet « Voilier du futur », un navire démonstrateur de la transition énergétique et écologique possible. Elle coordonne également le Tour de France des solutions pour le climat (organisé de Monaco à Dunkerque). En juin 2015, elle cocrée la Fondation de la mer destinée « à promouvoir la dimension maritime de la France ». Trois ans plus tard, devenue députée européenne, elle lance l'initiative pour faire reconnaître l'océan comme bien commun de l'humanité, considérant que l'intégralité de cet écosystème est menacée. Entretemps, elle a été membre du Corican (Conseil pour la recherche et l'innovation des activités navales), du conseil d'administration du Musée national de la marine de 1998 à 2009, de la Fédération française de voile, de la SNSM ou encore de l'Agence des aires marines protégées. Elle a aussi été, de 2010 à 2015, conseillère au Conseil économique social et environnemental au titre de personnalité qualifiée. Organisatrice de la conférence internationale sur la gouvernance de la haute mer en 2013, elle a également été déléguée à la mer et au littoral au sein du ministère de l'Environnement, de l'Énergie et de la Mer. Bref, Catherine Chabaud est devenue une femme d'influence, dont l'expertise concernant les questions maritimes et la gouvernance des océans est indéniable.

Européenne convaincue

Catherine n'a jamais hésité à soutenir des causes caritatives. De 1997 à 2015, elle est la marraine de Mécénat chirurgie cardiaque, une association qui permet d'opérer des enfants souffrant de malformations cardiaques et qui ne peuvent être soignés dans leurs pays. Élue en cinquième position sur la liste de La République en marche et du Mouvement démocrate, elle fait son entrée en 2019 au Parlement européen, et intègre les commissions du développement, de l'environnement et de la pêche, un engagement basé pour l'intéressée sur de fortes convictions : « L'Europe est la bonne échelle pour accélérer le processus. C'est une sorte de gros bazar enthousiasmant, mais j'ai beaucoup plus de moyens d'action en étant à l'intérieur. Nous sommes en train de former une vraie équipe européenne autour de la mer… un équipage international. » Dans ce grand « bazar », les chantiers sont d'ailleurs nombreux avec la décennie des sciences de l'océan lancée par les Nations unies, ou encore Starfish 2030, un projet visant à maintenir, protéger et restaurer la santé de l'océan, des mers, lacs, fleuves et rivières.

D'autres sujets la mobilisent, comme l'extension des aires marines protégées, la lutte contre les plastiques ou les émissions de CO_2, *via* le Green Deal, le pacte vert européen, ou encore la pêche et les énergies marines, qu'elle aime à désigner par le vocable « carbone bleu ». Pour tous ces chantiers, elle se mobilise avec force et conviction : « Nous voulons aussi faire de l'Europe la championne des navires verts avec un travail sur les moyens de propulsion et, à ce titre, la course au large a beaucoup à apporter. » Tous ces combats l'ont incitée, le 8 juin 2018, à lancer un appel solennel afin que l'océan soit reconnu comme « bien commun de l'humanité ». « L'idée est de faire avancer ce concept au niveau international et de l'intégrer dans un futur traité de l'ONU »[6], souffle celle qui va se retrouver bientôt dans son élément.

À presque 60 balais, destination la Guadeloupe, au milieu d'un peloton de 138 skippers avec 3 542 milles nautiques (6 560 kilomètres) à parcourir à la voile sur un parcours qui n'a pas changé depuis douze éditions. Une rasade de rhum pour vivre une passion jusqu'à plus soif. Une belle tranche d'aventure pour vivre « libre et légère, » comme aimait à lui répéter toujours sa maman.

CATAMARANS DE CROISIÈRE

La stabilité des catamarans et l'espace de vie qu'ils offrent ont séduit de nombreux plaisanciers. C'est très souvent ce type de voiliers qui est proposé en location ou charter aux Antilles.

Texte Emmanuel Van Deth

Le modèle Louisiane de Fountaine Pajot

LOUISIANE
RAPIDE ET LÉGER

Le Louisiane est le premier catamaran de série du chantier Fountaine Pajot. Le chantier, né en 1976, est en effet spécialisé dans les dériveurs et multicoques de compétition. C'est sans doute ce qui explique l'évidence pour ses dirigeants de concevoir une unité très légère et dépouillée. Un concept en totale opposition avec les productions de l'époque, essentiellement anglo-saxonnes. Les premiers modèles, avec leurs dérives et leurs safrans relevables, sont les plus performants. Ils souffrent de quelques lacunes en termes de qualité de construction et de finition mais restent d'excellents bateaux, marins et excitants. Certes, la nacelle manque un peu de hauteur pour garder l'équipage au sec aux allures près du vent, mais ça déménage… Les 8 à 9 nœuds sont vite atteints, alors que le GPS taquine rapidement les 15 nœuds dès que les écoutes sont choquées. Peu de multicoques de cette taille tiennent la cadence.
Les derniers exemplaires sont équipés d'ailerons et safrans fixes – ils gagnent en fiabilité mais perdent un peu en performances. La simplicité générale se traduit également dans le choix de la motorisation – le plus souvent deux hors-bord, parfois un seul. Gain de poids, entretien facilité mais manœuvres parfois plus compliquées dans les ports. Heureusement, le faible fardage et le faible déplacement du bateau vont dans le bon sens pour rattraper une mauvaise approche sur un ponton.
Le plan de pont, avec son petit rouf, fait la part belle aux surfaces planes – larges passavants et immense trampoline avant. Le cockpit est large mais plus étriqué en longueur. Et la bôme, sans pour autant mettre en péril les têtes de l'équipage, complique l'installation d'un bimini. Autre regret, l'absence de jupes à l'arrière des coques. On ne peut tout exiger !
Les aménagements sont originaux puisque répartis en trois volumes cloisonnés : la petite nacelle centrale abrite un carré convertible en couchette double d'appoint, un petit coin navigation et une cuisine. Petit hic : la hauteur sous barrots se résume à un chiche 1,75 m. Chaque coque est équipée de sa propre descente : on découvre dans chacune une couchette double et une simple. Le cabinet de toilette est situé à l'avant tribord. Certains modèles profitent d'un second w.-c. Cette disposition exige donc de sortir dans le cockpit pour rejoindre sa cabine depuis le carré et vice-versa, ce qui peut être un rien pénible par temps humide et frais… mais elle préserve une réelle intimité. Certains propriétaires ont effectué une découpe pour un accès direct depuis la nacelle.

Caractéristiques du Louisiane
- Constructeur : Fountaine Pajot
- 65 exemplaires de 1984 à 1988
- Matériau : polyester
- Architectes : Michel Joubert/Bernard Nivelt
- Longueur de coque : 11 m
- Largeur : 6 m
- Tirant d'eau : 0,40/1,65 ou 1,01 m
- Déplacement lège : 4 t
- Surface de voilure : 55 m^2
- Grand-voile : 36 m^2
- Génois : 19 m^2
- Moteur : 1 ou 2 HB ou 2 IB 8 ch Diesel

LAGOON 380
COPIÉ MAIS JAMAIS ÉGALÉ !

Le Lagoon 380 reprend les grandes lignes du 410, lancé en 1997. Plus compact, il offre au final les mêmes prestations ou presque…
Il est surtout devenu une star, pas moins : le 380 est l'un des catamarans habitables le plus diffusé à ce jour. Soit 900 exemplaires en 19 ans. Sa silhouette, longtemps jugée massive, a fini par s'imposer comme un standard… On le trouverait presque élégant aujourd'hui ! Le Lagoon 980 est même parvenu à gommer le gros défaut du 410, dont les moteurs sont placés sous les couchettes arrière, une configuration bien plus bruyante et qui complique les opérations d'entretien courant. Le 380, nullement décontenancé par la sortie du 39 puis du 40, reste, chez les moins de douze mètres, l'un des catamarans familiaux les plus confortables grâce à son incroyable volume. Certes, comparée à celle du Excess 11, la silhouette en prend un coup. Les

coques sont très hautes, larges au pont et la nacelle massive. Mais c'est à ce prix que le *380* est capable d'accueillir deux couples et quatre enfants.
Les coques sont assez larges pour caser une ou deux cabines doubles, la nacelle est parfaitement protégée des rayons les plus chauds du soleil grâce aux vitrages verticaux et à la casquette, le carré panoramique est confortable et remarquablement bien aéré, la cuisine fonctionnelle, le cockpit convivial et les jupes arrières parfaites au mouillage... À défaut d'être rapide par petit temps, le *380* s'appuie sur ces puissants moteurs – 18 ou 28 chevaux – en dessous de 10 nœuds de vent. Lors des manœuvres au port, inutile de jouer de la barre pour espérer un effet coup de fouet; les hélices sont positionnées derrière les safrans. On joue donc avec les manettes de gaz. Dès le médium, il affiche des performances honnêtes du bon plein au vent arrière. Il est même capable de tenir 10 nœuds de moyenne par bonne brise. On découvre alors que les carènes du *380* restent relativement fines à la flottaison, que le déplacement lège n'en fait pas un camion et que sa surface de voilure est plutôt généreuse. Le petit *Lagoon* est donc bien armé pour une belle boucle atlantique. Il ne lui manque plus que quelques coffres supplémentaires. Autre bémol: le rouf, très haut, n'est pas évident à escalader. Mais le plan de pont est net, avec des manœuvres qui convergent vers le poste de barre. En 20 ans, peu de modèles ont fait mieux! La version S2, apparue en 2005, bénéficie d'une finition plus moderne et de boiseries plus claires.

Caractéristiques du *Lagoon 380*

- Constructeur : Lagoon
- 900 exemplaires de 2000 à 2019
- Matériau : sandwich balsa/polyester
- Architectes : Van Peteghem/ Lauriot Prévost
- Longueur de coque : 11,55 m
- Longueur à la flottaison : 11,55 m
- Largeur : 6,53 m
- Tirant d'eau : 1,15 m
- Poids lège : 5,90 t
- Surface de grand-voile : 47 m^2
- Génois : 30,40 m^2
- Moteur : IB 2 x 18 ou 28 ch Diesel

M1112

UN DÉFI INÉDIT, TROIS DESTINS HORS DU COMMUN

En 1968, neuf hommes prennent le départ de la première course en solitaire autour du monde sans escale. Trois d'entre eux marquent de leur empreinte le Golden Globe Challenge. Robin Knox-Johnston est le seul à rallier la ligne d'arrivée. Largement en tête au cap Horn, Bernard Moitessier renonce à la gloire. Donald Crowhurst monte le plus grand mensonge de l'histoire de la course au large, le plus tragique aussi…

Texte Olivier Bourbon

Golden Globe Challenge, première édition

Tour du monde par les trois caps au départ d'un port situé au nord du 40e parallèle

9 bateaux au départ

1 bateau à l'arrivée

CLASSEMENT :

1. Robin Knox-Johnston (Britannique) en 312 jours

Un globe en or et 5 000 livres sterling

Le *Sunday Times*, un journal britannique, imagine cette nouvelle épreuve. L'organisateur n'impose pas de ligne de départ obligatoire, ni même de date précise pour s'élancer. Les règles sont simples : il faut prendre la mer entre le 1er juin et le 31 octobre 1968, partir et arriver d'un même port situé au nord du 40e parallèle après avoir franchi les trois caps. Comme dans un record, c'est le navigateur qui mettra le moins de temps à revenir à son point de départ qui l'emportera. Les candidats à l'aventure peuvent s'engager en monocoque ou en multicoque. La récompense pour le vainqueur est alléchante : un globe en or (d'où le nom de l'épreuve) et une prime de 5 000 livres sterling. Neuf pionniers relèvent le défi : les Britanniques Bill King, Robin Knox-Johnston, Donald Crowhurst, John Ridgway et Chay Blyth, les Français Bernard Moitessier et Loïck Fougeron, le Sud-Africain Nigel Tetley ainsi que l'Italien Alex Carozzo.

Robin Knox-Johnston, le premier homme à terminer un tour du monde en solitaire et sans escale

Officier de marine marchande de 29 ans, le Britannique Robin Knox-Johnston s'élance de Falmouth le 14 juin 1968. Il navigue à bord d'un ketch de 32 pieds (10 mètres) baptisé *Suhaili*. Son incroyable périple, qui dure près d'une année, est émaillé d'une multitude de péripéties et d'avaries qu'il parvient à maîtriser pour poursuivre sa route, coûte que coûte. Les océans Indien et Pacifique sont impitoyables mais le solide marin résiste. Le 17 janvier 1969, après 217 jours de mer, Robin Knox-Johnston franchit le cap Horn. Lui reste alors une très longue remontée de l'Atlantique, qui va durer plus de trois mois. Le 22 avril 1969, 312 jours après son départ, Knox-Johnston revient à son port de départ. Quand la vedette des douanes accoste son voilier et lui demande sa provenance, Knox-Johnston répond sobrement : « Falmouth, Sir. » Il devient le premier homme à effectuer un tour du monde en solitaire et sans escale. Et il est le seul à boucler le Golden Globe Challenge.

Bernard Moitessier sauve son âme

Bernard Moitessier est un personnage à part. En communion avec la nature, il a une conception de la mer à la fois poétique et plus philosophique que ses adversaires. À bord de son monocoque *Joshua*, il double le cap Horn le 5 février 1969, largement en tête. En Europe, on l'attend déjà en vainqueur. Moitessier, lui, est ailleurs, très loin de toute considération de victoire ou de gloire. Sa décision est prise : au lieu de remonter l'Atlantique, il poursuit sa route vers l'est et la Polynésie. « Je ne sais pas comment leur expliquer mon besoin de continuer vers le Pacifique. Ils ne comprendront pas. Je sais que j'ai raison, je le sens profondément. Je sais exactement où je vais, même si je ne le sais pas. Comment pourraient-ils piger ça ? Pourtant, c'est tout simple. Mais ça ne s'explique pas avec des mots, ce serait totalement inutile d'essayer », écrit-il dans son ouvrage *La Longue Route*, texte de référence qui inspirera des générations de marins. Bernard Moitessier expédie un ultime message au *Sunday Times*, dans lequel il explique renoncer à la victoire, à la fortune et à la gloire pour « sauver son âme ».

Donald Crowhurst erre dans l'Atlantique et sombre dans la folie

L'histoire de Donald Crowhurst est la plus édifiante, la plus glaçante. Ingénieur en informatique, père de quatre enfants, il est le dernier concurrent du Golden Globe Challenge à s'élancer, le 31 octobre 1968. En proie à des difficultés financières (il a hypothéqué sa maison), Crowhurst est très mal préparé. Dès les premiers jours de course, les soucis techniques s'accumulent et il est clair que son bateau ne tiendra jamais un tour du monde. Mais impossible de renoncer : il a besoin de la prime de 5 000 livres allouée au vainqueur pour se refaire financièrement. Crowhurst monte alors la plus grande duperie de l'histoire de la course au large. Errant sur l'Atlantique, il raconte un voyage imaginaire, communiquant par radio de fausses positions pour faire croire à une progression autour du monde, qui plus est en tête de la flotte ! Les balises de positionnement n'existent pas à l'époque, il est donc impossible de vérifier si le navigateur dit vrai. Plongé dans une solitude extrême, Donald Crowhurst a tout le temps de ressasser son mensonge. Il sombre petit à petit dans la dépression et la folie, allant probablement jusqu'au suicide. On retrouvera son bateau vide avec deux journaux de bord, un réel et un falsifié. Apprenant le tragique destin de Donald Crowhurst, Robin Knox-Johnston fait don de sa prime de 5 000 livres à sa famille.

Aux origines du yachting

Naviguer par plaisir ne fut pas une donnée immédiate du fait des dangers liés à la mer : on naviguait par besoin. Si le mot « yacht » est relativement ancien, le yachting ne prit son essor que dans la seconde moitié du XIXe siècle.

L'origine du mot « yacht »

Le mot « yacht » est d'origine hollandaise (de *jacht*, « chasse »). Dès le XVIe siècle, ce terme désigne un petit bateau rapide, puis il est appliqué aux bateaux qui ne sont ni marchands ni militaires, sur lesquels se déplacent des personnages de marque. Le terme passe au siècle suivant en Angleterre, d'où sa prononciation actuelle. Le *Glossaire nautique* d'Augustin Jal, publié à Paris en 1848, définit le yacht comme « un bâtiment léger, fin, rapide, que les souverains, les princes, les riches amateurs entretiennent dans certains ports pour les promenades en mer, les régates, les promenades d'agrément. »

De communard à historien du yachting

L'écrivain et homme politique Paschal Grousset eut une vie aventureuse et atypique. Délégué aux relations extérieures de la Commune de Paris, déporté ensuite en Nouvelle-Calédonie, il s'en évada avec Henri Rochefort et s'installa à Londres. Amnistié, il fut élu député à son retour en France. Sous le pseudonyme d'André Laurie, il est l'auteur de nombreux ouvrages sur la pédagogie qui l'amenèrent à s'intéresser au rôle du sport dans l'éducation. Il écrivit également des romans d'aventures scientifiques dans la lignée de Jules Verne et cosigna avec ce dernier *L'Épave du Cynthia*. Cet intérêt pour le sport, plutôt inattendu de la part d'un ancien communard, l'amena à écrire une des toutes premières histoires du yachting, dont il raconte les débuts en Angleterre, en France et aux États-Unis. Ce livre, *Le Yacht*, a été publié en 1890 sous le pseudonyme de Philippe Daryl dans une édition superbement illustrée. Un chapitre détaillé est consacré aux premières éditions de la Coupe de l'America.

Paschal Grousset (1844-1909)
En plus de ses talents d'écrivain, Paschal Grousset a mené une carrière politique bien remplie. Après avoir fait de la prison suite à un duel qui a mal tourné, il a pris part activement à la Commune de Paris. En 1893, il est devenu député socialiste indépendant du XIXe arrondissement de Paris.

PHILIPPE DARYL
LE
YACHT
ANCIENNE
Maison Quantin

Les plus anciens yacht-clubs

Écoles de voile, sociétés nautiques, associations de pêcheurs plaisanciers, yacht-clubs : le milieu associatif est très présent dans le monde de la plaisance. Le plus ancien yacht-club encore en activité est le Water Club of the Harbour of Cork, aujourd'hui Royal Cork Yacht Club, fondé en 1720 en Irlande. Le tsar Pierre Ier avait bien fondé le Neva Yacht Club en 1718, mais ce dernier disparut à sa mort avant de reprendre son activité beaucoup plus tard.

En France, la plus ancienne société nautique est la Société des Régates du Havre, fondée sous la monarchie de Juillet en 1842 après avoir organisé une course d'aviron en 1839, puis, l'année suivante, la première régate de voiliers. Le Yacht-Club de France date pour sa part de 1867.

Les plans Fife

Dans le yachting traditionnel, les plans Fife ont toujours joui d'une grande renommée. William Fife III (1857-1944) hérita du chantier familial situé en Écosse, à Fairlie, dans la région de Glasgow. Architecte et constructeur, il commença de dessiner des voiliers de plaisance à la fin des années 1880. On lui doit les plans de navires imposants comme le *Cambria* de 1928, dépassant les 40 mètres hors tout, mais aussi ceux de dayboats de régates ou de voiliers comme *Pen Duick* (17 mètres hors tout) ou *Viola* (16 mètres hors tout). Bas sur l'eau, très voilés, ses navires avaient une réputation de fiabilité et de performance – de qualité, en somme. Une cinquantaine naviguent toujours plus de cent années après leur lancement. Plusieurs battent pavillon français, dont *Moonbeam III*, mis à l'eau en 1903 et d'une longueur de 30 mètres hors tout, *Moonbeam IV*, de 1920, un peu plus long (33 mètres), et *Mariquita*, de 1911, utilisé, démâté, comme houseboat de 1939 à 1991, date de son rachat en Angleterre. Après une longue restauration, il a retrouvé la mer en 2004.

Les voiliers dessinés par William Fife III participent régulièrement aux régates de navires traditionnels, comme Les Voiles de Saint-Tropez. Ils peuvent y croiser des navires conçus par l'autre grand architecte classique du yachting, l'Américain Nathanael Herreshoff (1848-1938), dont les productions remportèrent six fois la Coupe de l'America.

Dans son dictionnaire, Émile Littré définit ainsi au XIXe siècle le mot régate : « Courses de barques qui se font certains jours de fête sur le Grand Canal de Venise ». Le mot est d'origine vénitienne – *regatta* – et désigne les courses de gondoles qui étaient organisées lors de fêtes religieuses ou laïques ou à l'occasion de la visite d'hôtes illustres, comme lors du passage du roi de France Henri III en 1574. L'organisation en était confiée à de jeunes nobles nommés « directeurs de régates ». Au XVIIIe siècle, les peintres vénitiens Francesco Guardi et Giovanni Antonio Canaletto ont plusieurs fois représenté des régates sur le Grand Canal et, pour ce dernier, une régate de femmes, dont la première est attestée en 1493.

Le voyage du Sunbeam, premier tour du monde d'agrément

Le *Sunbeam* est le premier navire de plaisance qui ait accompli un tour du monde, ce qui, comme le remarque dès 1890 Philippe Daryl dans *Le Yacht*, marque une date significative de l'histoire de la navigation de loisir. Un couple d'Anglais richissimes, Sir Thomas Brassey (1836-1918) et son épouse, Anna Brassey (1839-1887), accompagnés de leurs enfants, de leurs domestiques, de plusieurs invités et de l'équipage – au total quarante-trois personnes – effectuèrent ce tour du monde du 1er juillet 1876 au 27 mai de l'année suivante. Thomas Brassey, passionné par la mer et député, exerçait le commandement du navire. Construit à Liverpool, le *Sunbeam* était une goélette à trois mâts et à hélice, de 530 tonneaux et 48 mètres de long. Si le navire était pourvu d'une machine à vapeur, son propriétaire mit un point d'honneur à naviguer le plus possible à la voile.

Le *Sunbeam* descendit l'Atlantique, faisant escale à Madère, Rio et Buenos Aires. En route pour Puntas Arenas et le détroit de Magellan, le *Sunbeam* sauva l'équipage d'un navire marchand anglais en flammes. Il continua sa route vers Tahiti, Hawaï, et parvint au Japon, qui s'était récemment ouvert à l'Occident. Il rallia ensuite l'Europe via Hong Kong, Singapour, Ceylan et le canal de Suez.

Anna Brassey écrivit à son retour *Le Tour du monde en famille*, ouvrage qui fut rapidement traduit en français et en allemand, et connut des adaptations pour les enfants. Anna Brassey est décédée en 1887 de malaria à bord du *Sunbeam* lors d'un nouveau voyage entre l'Inde et l'Australie. Son corps fut alors immergé en mer.

Peu avant sa mort, en 1918, Thomas Brassey estimait que le *Sunbeam*, qui ne lui survécut que peu d'années, avait parcouru plus de 500 000 miles au cours de ses multiples voyages.

B 44

Navigateurs de légende

Par leur palmarès et leur destinée parfois tragique, ces navigateurs ont eu un écho et une renommée bien au-delà du seul monde maritime.

À Newport, à bord de Pen Duick II, *Éric Tabarly vient d'apprendre qu'il a remporté la Transat anglaise de 1964.*

Éric Tabarly

La victoire d'Éric Tabarly à la Transat anglaise (alors, l'Ostar) en 1964 fut davantage qu'une simple victoire : elle fit découvrir à tout un pays le monde de la voile et de la course au large.

Né en 1931 à Nantes, Éric Tabarly découvre la navigation sur le navire familial nommé *Annie*, puis sur *Pen Duick*, cotre de 15 mètres acheté par son père en 1938. Il entre dans la Marine nationale en 1953, devient pilote d'aéronavale, puis entre à l'École des élèves officiers de marine en 1958. Il fait alors restaurer *Pen Duick* et participe à plusieurs régates en Angleterre. Avec l'aide des architectes Gilles et Marc Costantini, il conçoit un navire davantage adapté à la course en solitaire : ce sera *Pen Duick II*, avec lequel il gagne la Transat Anglaise de 1964. En 1965, il est détaché auprès du secrétaire d'État à la Jeunesse et aux Sports, dont le responsable est alors Maurice Herzog, ce qui lui permet de vivre sa passion à plein temps. Son palmarès est impressionnant, tant en équipage (la Fastnet Race et la Sydney-Hobart en 1967, une étape de la Whitbread de 1973) qu'en solitaire (deux Transat anglaise en 1964 et 1976, la Transpacifique en 1969), ou en duo (Transat Jacques-Vabre en 1997 avec Yves Parlier), sans compter de nombreuses places d'honneur. Il connut aussi des déconvenues en course, tels son abandon suite au heurt d'un cargo dans la Transat anglaise en 1968 ou les démâtages de *Pen Duick VI* lors de la Whitbread de 1973.

Tabarly se démarqua par son esprit d'innovation. Il eut très tôt conscience des potentialités des multicoques, puis de l'intérêt des foils, qui équipèrent dès 1979 le voilier *Paul Ricard* avec lequel il battit en 1980 le record de la traversée de l'Atlantique ouest-est établi par Charles Barr en 1905.

Il forma de nombreux navigateurs qui connurent ensuite le succès. Parmi ses équipiers, figurèrent Alain Colas, Olivier de Kersauson, Philippe Poupon, Titouan Lamazou.

Il se noie suite à une chute à la mer dans la nuit du 12 au 13 juin 1998 en mer d'Irlande à bord de *Pen Duick*.

Éric Tabarly, assailli par les journalistes et les photographes après sa victoire.

La Cité de la voile

Ouverte en 2008 dans un bâtiment moderne à proximité de l'ancienne base sous-marine de Lorient, la Cité de la voile Éric Tabarly est consacrée essentiellement à la course au large. Documents sur la compétition et la construction des voiliers de course, dont films et maquettes, manipulation de matériels, bassin avec navires télécommandés, simulateur de navigation ; sa muséographie se veut avant tout interactive et ludique. En saison, il est possible d'effectuer des sorties en mer sous voiles dans la rade, couplées ou non avec la visite du musée.

Alain Colas

Quelle destinée tragique que celle d'Alain Colas, disparu lors de la première Route du Rhum en 1978 ! Né en 1943 loin de la mer, à Clamecy, en Bourgogne, il ressent tôt l'appel du large et devient enseignant de français en Australie. En 1967, il participe comme équipier à la course Sydney-Hobart, remportée cette année-là (en temps réel non compensé) par Éric Tabarly sur *Pen Duick III*. Après la course, il accompagne Tabarly et son équipage jusqu'en Nouvelle-Calédonie. Rentré en France l'année suivante, il navigue à plusieurs reprises comme équipier de Tabarly avant d'acheter à ce dernier le trimaran *Pen Duick IV*. À son bord, il remporte la Transat anglaise de 1972 en vingt jours de course, puis, sur ce même voilier rebaptisé *Manureva*, il bat, l'hiver 1973-1974, le record du tour du monde en solitaire, détenu jusqu'alors par Francis Chichester sur monocoque. Il est gravement blessé à la cheville en 1975 et échappe de peu à l'amputation.

Il fait construire pour la Transat anglaise de 1976 un quatre-mâts de 72 mètres de long ultramoderne destiné à être manœuvré par un seul homme, souffrant de plus d'un handicap récent. Le navire est nommé *Club Méditerranée*, du nom du sponsor principal. Finalement, c'est Éric Tabarly, devenu son rival, qui gagne la course sur *Pen Duick VI*. Alain Colas, arrivé deuxième, est déclassé à la cinquième place à cause des conditions de son escale à Terre-Neuve suite à des avaries. Le voilier géant *Club Méditerranée* deviendra plus tard le *Phocéa*, tristement célèbre pour les imbroglios juridico-financiers dont il sera l'objet. Après de nombreuses mésaventures, il coulera en 2021 en Malaisie…

Après son échec à la Transat anglaise, Alain Colas décide de participer à la première Route du Rhum en 1978 sur *Manureva*. Il disparaît en mer à trente-cinq ans, le 16 novembre, au large des Açores, après un dernier message radio signalant un état de mer épouvantable. Toutes les recherches pour retrouver le navigateur et l'épave de son navire seront vaines.

Le voilier Manureva, *anciennement* Pen Duick IV.

F 125
125

Le voilier Steinlager *avec lequel Peter Blake remporta la Whitbread.*

Peter Blake

Né à Auckland en 1948, Peter Blake a gagné de nombreuses courses, dont la Whitbread en 1989-1990 et, à deux reprises, la Fastnet Race et la Sydney-Hobart. À sa troisième tentative, il remporta avec *Enza New-Zealand* le trophée Jules Verne qu'il garda de 1994 à 1997. Il remporta la Coupe de l'America en 1995 que la Nouvelle-Zélande conserva l'année suivante. Cet impressionnant palmarès lui valut d'être anobli par la reine d'Angleterre.
Retiré de la compétition, il se consacra à des missions liées à l'environnement et fut assassiné par des pirates à l'embouchure de l'Amazone en 2001. Son bateau, le *Seamaster*, anciennement l'*Antartica* de Jean-Louis Étienne, est devenu le voilier d'exploration *Tara*.

Peter Blake (à gauche) et Robin Knox Jonhston

LES BATEAUX HARLÉ

Texte Emmanuel Van Deth

1963 MUSCADET PLUS QUE JAMAIS À LA MODE

Voilà plus de 40 ans qu'il n'est plus construit et tout le monde se l'arrache encore ! Pour Jean-Luc Van Den Heede, « le Muscadet est un peu comme une 2 CV : simple, robuste, pas cher, facile à piloter et à réparer, et ça pardonne beaucoup de choses. » Celui qui a couru la Mini Transat de 1977 à bord du 555e Muscadet (sur 700 exemplaires de 1963 à 1979) ne tarit pas d'éloge sur son ancienne monture : « avec son impressionnant rapport de lest, il est raide à la toile et passe dans le pire des clapots. Il n'est certes ni rapide, ni planant, ni très toilé, mais il est sûr. S'il n'y avait pas le problème de place, j'irais n'importe où avec un Muscadet. » Les équipiers d'avant apprécieront la plage avant encastrée dans le pavois. Facile de préparer le mouillage, mais aussi de changer de foc ! À l'intérieur, quatre couchettes, cuisine, table à carte et nombreux rangements.

Caractéristiques du Muscadet

- Chantier : Aubin
- Longueur : 6,40 m
- Largeur : 2,26 m
- Tirant d'eau : 1,10 m (quillard) ou 0,75/1,10 m (dériveur lesté)
- Déplacement : 1200 kg
- Lest : 500 kg
- Surface de voile : 25,05 m²
- Matériau : contreplaqué

1969 SANGRIA
TOUJOURS UNE RÉFÉRENCE

Échaudé par l'échec commercial de son précédent croiseur familial, le Storm, le chantier Jeanneau décide de faire équipe avec Philippe Harlé. Pour l'architecte, familier des grands crus alcoolisés, le Sangria est le fruit d'un compromis avec le chantier. Alcool, d'accord, mais soft et convivial. Ce sera la sangria… Le voilier, avec sa carène ronde et son rouf court rappelle l'Edel 3, lancé deux ans plus tôt, en 1967. Mais les lignes du pont sont plus fluides et les élancements moins marqués. Le succès du Sangria, l'année de son lancement, dans la classe VI de Cowes-Dinard (deuxième et troisième place) a certainement contribué à cet engouement. Une version régate avec lest long a été diffusée par Gibert Marine avant que Jeanneau ne s'en charge. Le Sangria a été modernisé en 1975 puis en 1979, sous le vocable Sangria NV. Cette version se reconnaît à la bande grise qui ceinture le rouf.

Caractéristiques du Sangria

- Constructeurs : Jeanneau et Gibert Marine
- Longueur de coque : 7,6 m
- Longueur à la flottaison : 5,8 m
- Largeur : 2,7 m
- Tirant d'eau : 1,20 ou 1,48 m
- Déplacement : 1 700 kg
- Lest : 750 kg
- Surface de voile au près : 31,5 m2
- Grand-voile : 12,5 m^2
- Génois : 19 m^2
- Matériau : polyester

1973 ROMANÉE LE MYTHE INCREVABLE

Plus de 50 ans après son lancement, le Romanée reste une valeur incontournable dans la catégorie des croiseurs hauturiers. C'est un peu le 4x4 des mers, en ce sens que sa longueur est tout juste suffisante pour affronter les conditions les plus extrêmes qu'un équipage est susceptible de rencontrer au large de Terre-Neuve ou en Patagonie. Certains équipages ont relaté des chavirages dans les grosses mers du Sud: le Romanée s'est toujours redressé… avec son mât en place!

Le programme du Romanée, en 1973, est pourtant sensiblement différent: c'est plutôt la course croisière. Philippe Harlé a opté pour l'aluminium en forme, ce qui est très rare à cette époque, en ce qui concerne les voiliers de grande série en tout cas. Ce type de construction demande une parfaite maîtrise des techniques de soudure pour ne pas déformer les tôles.

Reconnaissons au chantier Pouvreau un sacré savoir-faire en la matière: ses Romanée, particulièrement structurés, sont pratiquement indestructibles. La carène est typique de l'architecte: rondeurs et volume. Bien toilé, le Romanée est très véloce dès 2 Beaufort.

Son allure de prédilection est le près dans la brise, où le bateau progresse avec aisance et puissance. Il est moins convaincant au débridé, tout en étant capable de moyennes de 8 nœuds pour peu que l'alizé soit en forme.

Le plan est déjà très moderne et fonctionnel, avec un cockpit large, des hiloires bien inclinés, des passavants larges, des longues mains courantes et une plage avant bien dégagée. Seul l'immense génois de 42 m² donnera quelques suées à l'équipier charger de le border. Mais c'est sans doute à l'intérieur que Philippe Harlé a donné le meilleur. Ses aménagements restent un modèle d'efficacité et de sobriété pour un usage en mer. Au pied de la descente, une imposante cuisine en U permet au maître queux de préparer ses petits plats. En face, sans doute la plus grande table à cartes que vous n'avez jamais vue à bord d'un voilier. Au format grand-aigle, on peut donc y déplier une carte complète… Certes, aujourd'hui, à l'ère de la navigation électronique, c'est un peu moins utile. Mais ça reste un bureau ministériel! À l'arrière deux cabines: les couchages sont un peu justes pour être des vrais doubles. Là on est loin des gabarits de nos Océanis et autres Sun Odyssey. À tribord, une bannette superposée. Le carré, légèrement avancé – c'est bien la cuisine et la table à cartes qui s'imposent dans la zone de vie –,propose quant à lui quatre couchettes de mer, pas moins. La soute avant est dédiée au cabinet de toilette et à la soute à voiles.

Caractéristiques du Romanée

- Constructeur : Pouvreau
- 185 exemplaires de 1973 à 1983
- Longueur de coque : 10,20 m
- Longueur à la flottaison : 8,00 m
- Largeur : 3,50 m
- Tirant d'eau : 1,57 ou 1,85 m
- Déplacement : 4,60 t
- Lest : 1,65 t
- Surface de voile au près : 62 m²
- Grand-voile : 20 m²
- Génois : 42 m²
- Moteur : 10 à 25 ch Diesel
- Matériau : aluminium

PIEDS
ou MÈTRES ?

La longueur des bateaux, et plus particulièrement des voiliers, s'exprime assez souvent en pieds et non en mètres, même dans les pays ayant adopté depuis longtemps le système métrique tels que la France. Le pied, unité de longueur des pays anglophones, vaut 30,48 centimètres. On le convertit approximativement en divisant par trois : un bateau de 21 pieds mesure un peu moins de 7 mètres (6,40 mètres).
Cette survivance peut s'expliquer par le fait qu'une bonne part des voiliers construits par les chantiers français sont exportés. De plus, outre un petit côté « langage d'initié », la mesure donnée en pieds fait paraître le navire plus long.
Le pied s'emploie aussi en aéronautique pour indiquer l'altitude de vol d'un avion.

Qu'est-ce qu'un
PIED DE PILOTE ?

Dans une zone où l'eau est peu profonde, « prendre un pied de pilote » signifie ajouter une hauteur supplémentaire au tirant d'eau du navire afin de déterminer s'il y a assez de fond pour passer sans dommage. On s'assure de cette façon une marge de sécurité.

Isabelle Autissier, le souffle de l'aventure

Première femme navigatrice à avoir accompli un tour du monde en solitaire et en compétition, Isabelle Autissier est assurément une pionnière mais aussi une ex-enseignante, une écrivaine, une conteuse et une citoyenne impliquée dans la défense de notre planète. Remonter le sillage de ses engagements, c'est louvoyer serré entre ses nombreuses vies et garder le cap avec comme horizon l'océan à 360 degrés.

Texte Stéphane Dugast

Isabelle Autissier en 7 dates

1987 : Termine 3e de la Mini-Transat.

1995 : Élue « marin de l'année » selon l'International Sailing Federation (Isaf).

Depuis 1995 : Membre du conseil consultatif des Terres australes et antarctiques françaises (Taaf).

2009 : Promue chevalier de l'ordre des Arts et des Lettres.

Membre des Écrivains de marine.

2012 : Présente *Les Récits d'Isabelle Autissier*, émission diffusée tous les dimanches sur France Inter, puis l'émission estivale *In extremis* sur la même antenne.

2019 : Prix du rayonnement environnemental pour son engagement dans le domaine du climat et de la biodiversité à la tête du WWF France.

2020 : Commandeure de la Légion d'honneur.

Isabelle Autissier est une pionnière, elle est la première qui réussit à se glisser au sommet de la course en solitaire[1] », s'enflamme la voix off du documentaire consacré à l'édition 1996 du Vendée Globe, l'Everest des marins. Un bel hommage à cette concurrente malchanceuse qui a bouclé son aventure malgré une avarie, une escale forcée au Cap et une arrivée *de facto* hors course mais sur les talons de son ami Christophe Auguin, vainqueur cette édition-là en 105 jours, 20 heures et des poussières. Quant à Isabelle, elle a prouvé qu'elle était du genre coriace et opiniâtre mais qu'elle était aussi une adepte du franc-parler, au point de déclarer sans ambages à la presse avant le départ que son monocoque 60 pieds *PRB* était un bateau du genre plutôt « masculin » : « La première fois qu'il s'est mis à vibrer, qu'il a commencé à trembler, je lui ai dit t'as les jetons ! En fait non, il m'a répondu qu'il tremblait parce qu'il aimait ça. C'est un teigneux, un balèze, c'est un modèle homme[2]. » Ainsi parle et vit Isabelle Autissier, 40 printemps, qui se révèle au grand public, elle, l'ingénieure de formation et enseignante de profession devenue skipper professionnelle à 35 ans par passion. Son appétit pour la compétition semble alors incommensurable, et son palmarès va sans nul doute s'étoffer. Sa notoriété est de surcroît vite établie, au point de voir en 1999 un rosier baptisé à son nom. Pareil privilège botanique n'a été attribué qu'à Jeanne Barret, première femme à avoir accompli un tour du monde à la voile sous le règne de Louis XVI. Du rosier Isabelle-Autissier, les spécialistes disent d'ailleurs que ses fleurs sont d'un rose tendre dégradé de jaune pâle, presque orangé au cœur, et toujours très parfumées. Voilà deux femmes pionnières du large, unies et définitivement en odeur de sainteté.

Et soudain...

Février 1999, Isa est en tête du classement général de la course autour du monde en solitaire avec escales Around Alone (ex-BOC Challenge). Tout s'annonce sous les meilleurs auspices quand son monocoque chavire en plein Pacifique Sud, sans qu'elle s'explique pourquoi : « C'est encore un grand mystère », racontera-t-elle *a posteriori*. Ce naufrage, elle le commentera par bribes à son retour sur les pontons : « Le bateau s'est retourné par vent modéré de 20 nœuds. D'habitude, ça se couche mais ça se récupère vite. Le bateau est parti à 90 degrés. Je ne pouvais plus aller dans le cockpit. » La suite n'est que survie. La voilà seule, au milieu de nulle part dans la *white zone*, une zone seulement fréquentée par les tempêtes et les *growlers*. L'un de ses poursuivants, l'Italien Giovanni Soldini, parvient à se dérouter pour lui porter secours. La naufragée va cependant attendre son sauveur à l'intérieur de son monocoque renversé, transie, frigorifiée, mais sans étonnamment paniquer : « Je me suis occupé la tête pour ne pas spéculer. J'ai aménagé une cellule de survie à l'arrière du bateau, rassemblé les balises, les fusées. » Un ressort s'est pourtant cassé durant une de ces journées qui marquent à vie un marin dans sa chair, et fait vaciller jusqu'à ses convictions les plus profondes. Plus jamais elle ne participera en effet à une course au large en solitaire. Elle continuera néanmoins de naviguer, « mais juste pour le plaisir et une bonne cause » afin de continuer à vivre encore ce qu'elle appelle « des grands moments de l'existence. » « Ceux-là correspondent à être là où il le faut, quand il le faut. »[3] La mer est source d'émotions et d'expériences mais cela requiert selon elle des connaissances pour savoir l'apprécier et construire sa liberté. La frugalité de la vie de marin et la solitude du grand large ont toujours guidé ses choix, et vont ancrer solidement ses engagements futurs.

Larguer les amarres

En 1991, elle crée avec ses amis – Christophe Auguin, Alain Gautier (vainqueur du Vendée Globe 1992-1993) et Jean-Luc Van Den Heede, dit VDH (2e derrière Alain Gautier) – l'association Imoca afin de regrouper les skippers des monocoques de 60 pieds conçus à l'origine pour affronter un tour du monde sans escale et barrés par un seul marin. Désireuse de se lancer à son tour dans le grand bain, Isabelle assouvit à 30 ans, un vieux rêve, celui de construire son propre bateau avec une idée derrière la tête : larguer les amarres. « Je rêvais des océans, du cap Horn et des mers du Sud. Je devais partir ! »[4] À bord de *Parole*, son sloop en acier long de 10 mètres, elle accomplit une croisière hauturière en Atlantique et sa première traversée océanique en solitaire. Elle bascule logiquement dans la compétition de haut niveau, et enchaîne ainsi les courses au large, dont la Mini-Transat avant la Solitaire du Figaro avant de se lancer en 1990 dans son premier BOC Challenge, sur l'ex-voilier de son ami VDH, une course qu'elle boucle en 7e position, réalisant l'exploit d'être la première femme à accomplir un tour du monde en course en solitaire. Ce « fait d'armes » la pousse à abandonner l'enseignement pour se consacrer entièrement à son nouveau métier. En 1996, elle participe à la 3e édition du Vendée Globe, le tour du monde en solitaire sans escale. Catherine Chabaud et elles sont les deux premières femmes à participer à cette course légendaire. S'ensuivront d'autres courses, d'autres places et accessits, jusqu'à son naufrage dans le Grand Sud.

Le large et la plume

Isabelle Autissier multiplie dorénavant les navigations, mais en équipage. Durant l'hiver 2002, elle participe à un vaste projet scientifique et culturel, direction l'Antarctique. Là-bas, la nature rude, sauvage et hostile l'inspire. Son combat est dès lors tout trouvé, celui de promouvoir la nécessité de protéger la vie marine et terrestre, de défendre le vivant. Là où d'autres multiplient les grands discours, Isabelle préfère l'engagement. En 2009, elle devient la présidente d'honneur du WWF France (World Wildlife Fund), une ONG qui œuvre pour préserver les régions et les espèces sauvages menacées, et dont elle assurera la présidence jusqu'en 2021. Entretemps,

elle a été la vice-présidente du premier Grenelle de la mer en 2009, un débat qui a réuni élus, professionnels et citoyens autour des questions maritimes et du développement durable. Nouveau virage, cette fois dans l'écriture, nouveau succès. Elle publie cette même année son premier roman, *Seule la mer s'en souviendra*, l'histoire d'une supercherie en mer inspirée d'un fait réel – l'affaire Crowhurst en 1969. Sa plume fait mouche. Son livre est acclamé par la critique et le grand public. En 2009, elle est promue chevalier de l'ordre des Arts et des Lettres et devient membre du corps des Écrivains de marine. L'inspiration ne se tarit pas. Suivront les remarqués *L'Amant de Patagonie* (2012), ou encore *Soudain, seuls* (2015), un roman vendu à plus de 100 000 exemplaires et traduit dans dix pays. Même dans ses travaux d'écriture, la planète et ses fragilités la mobilisent. Son dernier ouvrage, *Oublier Klara* (2019), fait d'ailleurs écho à ses préoccupations environnementales. Dès les premières pages, l'écrivaine raconte une nature souillée et dévastée, une réminiscence de son escale à Mourmansk. Dans la cité militaire et industrielle, sise à l'extrême nord-ouest de la Russie, au-delà du cercle polaire, elle avait été frappée par la neige complètement noire et sale, reflet de la pollution de la ville, mais surtout du peu de considération de l'homme pour son environnement. Pas du genre à se lamenter mais plutôt à se mobiliser, la marin-écrivaine tissera une intrigue dans laquelle la nature, bien que malmenée, sauvera au bout du compte chacun de ses personnages principaux, comme une métaphore des combats de cette pionnière de la course au large devenue en l'espace de trois décennies une personnalité inspirante dans la sphère publique. « La mer a tant à nous offrir », aime-t-elle à rappeler avant de titiller, en bonne pédagogue, la curiosité du *quidam* : « Il y a peut-être, dans les océans, des molécules issues de certains organismes marins qui vont nous sauver la vie dans pas si longtemps que ça. »[5] Le bleu est donc lui aussi la couleur de l'espoir.

Fendeuse de houle depuis bientôt 60 ans et « fabricante » d'aventures (mais de préférence océaniques) à hautes valeurs ajoutées, Isabelle Autissier trace son sillage, en femme libre et inspirée, elle qui a toujours su s'octroyer, bon an, mal an, malgré un emploi du temps de ministre, deux à trois mois de navigation, fidèle à un principe de vie : « Le temps, c'est notre richesse à nous, les humains. Le reste, c'est de la foutaise ! »[6] Et en matière de défense de la nature, le temps presse. Il y a urgence à agir, d'où son appétit de vivre, et son engagement à plein temps pour la défense des espaces sauvages et de la biodiversité, au large comme à terre, pour elle qui admire les océans avec modestie et les défend avec conviction et charisme, mais surtout espoir.

ÉCOLES DE VOILE

La création et le succès des écoles de voile après la Seconde Guerre mondiale contribuèrent grandement au développement de la plaisance, restée jusque-là un loisir réservé aux plus fortunés.

LES GLÉNANS

L'école de voile des Glénans a été fondée en 1947 par deux anciens résistants : Hélène et Philippe Viannay. D'abord installée sur l'île du Loc'h dans l'archipel des Glénan, elle se déplaça rapidement sur l'île de Penfret car la famille propriétaire de l'île du Loc'h avait été choquée par… la mixité des stages !

Dans les années 1950 et 1960, l'école utilisa des voiliers peu onéreux comme le Corsaire, la Caravelle ou le Vaurien et connut un fort développement. De nombreux coureurs devenus célèbres furent stagiaires ou moniteurs aux Glénans. Au total, c'est plus de quatre cent cinquante mille stagiaires qui ont été formés sur les différentes bases en Bretagne, en Corse ou dans le Languedoc, ainsi qu'en croisière. La flotte de l'école compte près de cinq cents embarcations.

L'École nationale de voile et des sports nautiques

Créée en 1970, l'École nationale de voile et des sports nautiques est située à l'entrée de la presqu'île de Quiberon. Elle bénéficie du plan d'eau protégé de la baie de Quiberon, utilisable toute l'année. Elle forme les éducateurs et les moniteurs sportifs des disciplines liées au monde du nautisme (BPJEPS voile croisière, voile multisupports, glisse aérotractée, canoë-kayak), les encadrants des structures nautiques, et organise des stages de météo, de formation médicale hauturière et de secourisme. Elle dispose de ses propres moyens nautiques (au total, cent quarante supports allant de la planche à voile au voilier habitable en passant par le dériveur) et d'ateliers de réparation. L'école est également un pôle d'entraînement pour les sportifs de haut niveau et les équipes de France (voile, canoë-kayak) en vue des grands rendez-vous internationaux.

À ces missions s'ajoutent un rôle d'expertise dans le domaine de la sécurité des loisirs nautiques et de la fiabilité des matériels ainsi que la gestion d'un fonds de documentation.

La Fédération française de voile

La Fédération française de voile tire son origine de l'Union des sociétés nautiques françaises fondée en 1919. Elle a connu plusieurs noms : Fédération française de voile, une première fois, de 1940 à la Libération, puis Fédération française de yachting à voile de 1946 à 1975, date à laquelle elle prend son nom actuel. Agréée par le ministère chargé des sports, elle a, selon ses statuts, pour mission « d'encourager, de promouvoir, de développer, d'animer, d'enseigner, d'encadrer, d'organiser, et de contrôler dans la limite de ses prérogatives le sport de la voile sous toutes ses formes de pratique, que celles-ci soient à visée de compétition, de loisir, de pratique éducative et sociale ou d'intérêt touristique ». Elle compte mille cent clubs affiliés et environ deux cent soixante-dix mille licenciés. La licence permet de participer à toutes les activités fédérales. Il existe aussi un passeport voile et un pass voile qui permettent de suivre des cours collectifs ou particuliers dans les clubs affiliés.

Les classes de mer

Sous leur forme actuelle, les classes de mer ont soixante années d'existence. C'est un instituteur, Jacques Kerhoas, qui organisa les premières en 1964. Né en 1925, il est nommé à Daoulas, dans le Finistère en 1958. Il crée le centre nautique et de plein air de Moulin Mer qui accueille ses premiers hôtes en 1962. Il a alors l'idée des classes de mer, pour « rapprocher les enfants de la nature, pour ouvrir leurs sens, ouvrir leur esprit ». Les deux premières ouvrent en 1964 et l'Éducation nationale accepte de le détacher comme encadrant. L'idée fait florès et bientôt les classes de mer se multiplient sur le littoral. Jacques Kerhoas, surnommé « l'homme aux dix idées par jour » est décédé en 1992.

LOUVOYER

« Porter le cap d'un côté,
puis revirer de l'autre,
pour ménager un vent contraire
et ne pas s'éloigner de la route
qu'on veut tenir »,

écrit le *Littré*. Le navire remonte au vent en tirant des bords, d'où une route sinueuse.

La ligne droite ayant réputation de franchise – la rectitude –, louvoyer, au sens figuré, a pris une connotation péjorative. Il s'agit d'atteindre un but par des voies indirectes, des manœuvres complexes, voire en tergiversant. Pour un peu, on dirait que l'on navigue en eaux troubles !

PANNE

« être en panne », « mettre en panne », « en panne sèche », « être dans la panne »

On pouvait « être en panne » bien avant l'invention de l'automobile ou du train. Un voilier se mettait en panne lorsque l'action du vent sur certaines voiles était contrebalancée par son effet sur d'autres voiles : le navire était alors quasiment immobile, ne subissant qu'une légère dérive ; en équilibre, en quelque sorte. Un navire était dit « en panne sèche » lorsque, sans aucune voile, il se maintenait immobile par l'effet de la barre de gouvernail. À part l'immobilité, rien à voir avec la panne sèche dû au manque de carburant…

L'utilisation du mot « panne » pour désigner un arrêt accidentel d'un mécanisme date de la fin du XIXe siècle. On n'est plus alors seulement en panne volontairement en mer, mais bien involontairement, au bord de la route ou sur un quai de gare.

« Être dans la panne », expression populaire du XIXe siècle pour signifier être dans la misère, n'est plus usitée, supplantée par « être dans la panade » ou « être dans la mouise », toutes deux d'origine culinaire.

LE RECORD DU TOUR DU MONDE EN SOLITAIRE

Le tour du monde en solitaire en 42 jours, 16 heures, 40 minutes et 35 secondes. La performance réalisée par François Gabart le 17 décembre 2017 est ahurissante, inespérée, presque impossible. Gabart établit aussi le deuxième meilleur chrono absolu autour du monde, équipages compris.

Texte Olivier Bourbon

Au moment de s'élancer pour sa première tentative de record du tour du monde en solitaire (désormais baptisé « Trophée Saint-Exupéry »), François Gabart est en pleine confiance. Il a remporté les plus grandes courses en monocoque, dont le Vendée Globe 2012-2013 et la Route du Rhum 2014. Puis, avec son trimaran, il a gagné la Transat Jacques Vabre en 2015 (avec Pascal Bidégorry), la Transat anglaise en 2016 et The Bridge en 2017…

La performance de Thomas Coville est annoncée comme très difficile à battre

Le 25 décembre 2016, Thomas Coville avait mis la barre très haut en bouclant le tour du monde en solitaire en 49 jours et 3 heures, soit 8 jours et 10 heures de mieux que le précédent temps de référence signé en 2008 par Francis Joyon. Avec son maxi-trimaran de dernière génération mis à l'eau à l'été 2015, François Gabart semble armé pour battre le record, même si l'exercice comprend une part d'aléatoire liée à la météo et à la casse. Le samedi 4 novembre, à 10 h 05 (heure française), il coupe la ligne de départ située entre le cap Lizard et Ouessant. S'il accuse

un léger retard sur le temps de Coville à l'équateur (3 heures et 34 minutes), Gabart va ensuite vivre un scénario rêvé et creuser un écart inexorable…

Des temps de référence pulvérisés, 851 milles en 24 heures !

Une fois dans l'hémisphère sud, le marin affole les compteurs et prend une marge considérable sur le temps de référence : 2 jours et 6 heures d'avance au cap des Aiguilles (qui marque l'entrée dans l'océan Indien), 2 jours et 8 heures d'avance au cap Horn… Il améliore aussi le record de la distance parcourue en solitaire en 24 heures (851 milles entre les 13 et 14 novembre contre 784, record qui lui appartenait déjà). En langage terrien, cela représente 1 576 km. François Gabart est inarrêtable. En phase avec son bateau, inspiré stratégiquement et aidé par une météo favorable, il file vers le record. François Gabart établit un nouveau record absolu (solitaire et équipage confondus) de la traversée du Pacifique Sud (Tasmanie-Cap Horn) en 7 jours 15 heures et 15 minutes.

Un chrono inespéré

Le dimanche 17 décembre à 2 h 45 (heure française), il franchit la ligne d'arrivée de son tour du monde en un temps à peine croyable : 42 jours, 16 heures, 40 minutes et 35 secondes. Il s'agit du deuxième meilleur chrono absolu, équipage et solitaire confondus. Seuls Francis Joyon et ses équipiers ont fait mieux le 26 janvier 2017, sur le trophée Jules Verne (40 jours, 23 heures, 30 minutes et 30 secondes). Le tour du monde a été très dur, François Gabart était en permanence aux limites de ses capacités et de celles de son bateau. Il signe un chrono dont il n'osait pas rêver au départ. Dans les meilleurs scénarios, en cas de météo favorable, il envisageait de battre le record d'une ou deux journées. Il a finalement gagné quasiment une semaine sur le temps de Thomas Coville.

Tour du monde en solitaire Record 2017

François Gabart (Français)

Tour du monde par les trois caps d'ouest en est (départ et arrivée entre Ouessant et le cap Lizard)

42 jours, 16 heures, 40 minutes, 35 secondes

LES BATEAUX FINOT

Texte Emmanuel Van Deth

1975 ÉCUME DE MER NV C'EST LE 1ER ÉLU BATEAU DE L'ANNÉE !

L'histoire de l'Écume de Mer, c'est avant tout celle de Jean-Marie Finot, qui signe ici son premier grand succès. Complètement décomplexé, l'architecte est parvenu, au fil des demandes spécifiques des régatiers et des chantiers qui ont collaboré à son projet, à modifier profondément son voilier jusqu'à son évolution la plus aboutie en 1976. Car l'histoire de ce voilier démarre en 1968. Le jeune architecte tente de proposer aux chantiers un petit croiseur très moderne avec sa carène large, son cockpit aux larges hiloires inclinés et ses manœuvres qui sont toutes reprises depuis le cockpit. Un constructeur hollandais est intéressé, mais souhaite participer à la Quarter Ton Cup, une compétition de haut niveau. L'Écume de Mer s'agrandit pour optimiser des chances dans le cadre de la fameuse jauge IOR, référence de l'époque, et devient donc un prototype de course qui s'illustre en Mer du Nord puis sur nos côtes. Un constructeur australien décline une première version croisière avec carène à bouchains, franc-bord plus bas et rouf. C'est en 1969 que le chantier Mallard s'intéresse à l'Écume : en polyester, il adopte une coque en forme – moins de franc-bord et rouf pour elle aussi – et des aménagements complets pour la croisière avec carré dînette, cuisine contre le bordé bâbord, quatre couchettes et cabinet de toilette. Le bateau connaît immédiatement un grand succès commercial. Les plaisanciers sont en effet séduits par ce vrai croiseur compact et solide, capable d'affronter le mauvais temps. Les performances de l'Écume de Mer, désormais sage voilier de série, ne semblent pas pâtir de ses multiples transformations, bien au contraire, puisqu'un modèle remporte en

Caractéristiques de l'Écume de Mer

- Constructeur : Mallard
- 1335 exemplaires de 1969 à 1979
- Longueur de coque : 8,00 m
- Longueur à la flottaison : 5,90 m
- Largeur : 2,70 m
- Tirant d'eau : 1,25 ou 1,50 m
- Déplacement : 1850 kg
- Lest : 720 kg
- Surface de voile au près : 34,20 m^2
- Grand-voile : 12,30 m^2
- Génois : 21,90 m^2
- Matériau : polyester

1970 la si convoitée Quarter… Jean-Marie Finot, toujours prêt à retoucher ses plans, conçoit de nouveau une version régate en 1972, baptisée Petite Fleur. L'Écume est également construit sous licence au Japon. L'année suivante le voilier est choisi comme support pour le Tour de France à la Voile, il le restera 6 ans. Et c'est donc en 1975 que le bateau atteint son évolution la plus réussie et sa consécration : il est élu Bateau de l'année. Les superstructures sont redessinées, la coque allégée et les trouvailles adoptées sur le petit frère de l'Écume, le Rêve de Mer, sont reproduites : un cale-pied en aluminium, une nouvelle pièce d'étrave monobloc, une étrave à guibre, le retour de toutes les drisses au cockpit et les mains courantes de rouf intégrées. Ultime modification en 1976 avec le rouf, rallongé en avant du pied de mât pour offrir une hauteur sous barrots confortable au cabinet de toilette. Au final, un voilier toujours dans le coup en termes de performances, de dessin de plan de pont et étonnement habitable. Coup d'essai, coup de maître !

1990 FIGARO MONOTYPE HAUTURIER POUR ÉQUIPAGES OU… SOLITAIRES

À la fin des années quatre-vingt, les organisateurs de la course de l'Aurore, une épreuve en solitaire estivale de très haut niveau, sont bien contraints de se rendre à l'évidence : les voiliers participants sont disparates, la course à l'armement désavantage sévèrement les moins bien lotis en termes de budget… Bref, il est temps de proposer un monotype afin de redynamiser l'épreuve.
Le Sprint 95 d'Archambault et un projet signé Jeanneau sont écartés au profit du First Class Solo de Bénéteau. Le voilier séduit immédiatement les solitaires par ses performances. Voire trop ! Très toilé et exigeant avec ses bastaques, le Solo atteint les 20 nœuds sous spi mais il épuise les marins et les mâts tombent sur le pont comme les feuilles l'automne… Du coup, le Groupe Finot et Jean Berret revoient leur copie. Ils ont la brillante idée de piocher dans le catalogue du chantier vendéen : le First Class Challenge, version quelque peu assagie du Solo conçue pour les régates corporatistes, fera l'affaire, mais avec les ballasts de l'original. En 1992, le Figaro fait donc son apparition sur les lignes de départ – les anciens modèles étant reconditionnés avec le mât plus court, plus costaud et dépouillé de ces bastaques. Concrètement, le mât perd 2,5 m et la grand-voile plus de 5 m^2. Les solitaires sont enfin comblés, eux qui louaient la robustesse du bateau, le potentiel de la carène et la sécurité par gros temps. Du coup, les organisateurs de course n'hésitent plus à envoyer les coursiers de l'autre côté de l'Océan… Plan de pont optimisé avec un cockpit et des passavants larges, un accastillage pléthorique, des cale-pieds décalés du livet de pont – ils feront école – et un radeau de survie intelligemment placé sur la jupe arrière, le Figaro est bien sûr pensé pour le solitaire, mais se révèle à l'usage exploitable en équipage. Ses aménagements spartiates mais adaptés aux dures contraintes du large se moquent évidemment des éléments de finition réclamés à bord des croiseurs plus sages mais on compte au moins des vraies couchettes de mer, une cuisine et une soute à voile dans le poste avant. Le Figaro est une incontestable réussite ; peu de voiliers d'à

peine neuf mètres de coque peuvent se vanter d'être aussi marins et rapides. La carène est d'ailleurs si aboutie qu'elle a été réutilisée avec bonheur sur le First 310, l'Océanis 300, le 311 et surtout le First 31.7, sans doute l'un des plus grands succès commerciaux de Bénéteau dans cette taille de bateaux. Détrôné par le Figaro 2 en 2002, on appelle depuis l'ancien monotype Figaro 1…

Caractéristiques du Figaro

- Constructeur : Bénéteau
- 120 exemplaires de 1990 à 1998
- Matériau : polyester
- Architectes : Groupe Finot et Jean Berret
- Longueur de coque : 9,14 m
- Longueur à la flottaison : 8,40 m
- Largeur : 3,25 m
- Tirant d'eau : 1,80 m
- Déplacement lège : 2,80 t
- Lest : 0,9 t
- Surface de voilure : 55,50 m²
- Grand-voile : 25 m²
- Génois : 30,5 m²
- Moteur : IB 9,5 ch Diesel

1992 FIRST 210 INSUBMERSIBLE ET INCROYABLEMENT MARIN

Un cas unique chez les grands chantiers ! Le First 210 (en tout cas sa coque…) a été présent dans les catalogues de Bénéteau de1992 à 2018. À croire qu'on n'a jamais fait mieux depuis, plus de 2 500 exemplaires plus tard.

Les raisons de ce succès ? Un dessin moderne inspiré des Mini 6,50 avec une étrave presque droite, une carène raide à la toile et performante, une grande facilité d'utilisation et des aménagements clairs et volumineux qui offrent tout de même 1,56 m de hauteur sous barrots et un capot coulissant qu'on peut basculer – voire démonter par grand beau temps. Bref, que pourrait-on imaginer de mieux sans s'affranchir du gabarit routier ? Du coup, au fil des années, le 210 a connu quelques évolutions minimes, histoire que le chantier fasse mine de lui donner un coup de jeune de temps en temps… Quelques évolutions techniques tout de même avec des safrans qui se remontent, à partir de 1996. La finition Yacht Club apporte la même année une petite touche de confort bienvenue.

En 1998, le First 211 se présente comme une évolution plus cossue avec une baille à mouillage, des vrais coffres de cockpit fermés et un gréement légèrement revu, avec barre de flèches plus poussantes et points de tire de foc plus écartés. Puis le chantier adopte un accastillage Harken de qualité. Le 21.7, apparu en 2005, n'apporte pas grand-chose si ce n'est un intérieur plus soigné. Il perd même ses rotules inox de safran réglables et la possibilité de changer sans grutage la noix bronze du mécanisme de relevage de quille à l'échouage – la vis sans fin est montée à l'envers. Quant au 21.7s, il abandonne l'insubmersibilité (et donc la dérogation pour naviguer au large sans radeau) contre plus de volumes de rangements et des couchages plus grands. Dommage, car ce petit First, particulièrement marin, est un excellent support pour s'essayer à quelques grandes virées. En solo ou à deux, il peut vous emmener loin dans de bonnes conditions de sécurité et tenir des moyennes très honorables. Pour ce programme – ces versions « moussées » sont homologuées en catégorie B –, l'insubmersibilité reste un plus évident, dommage de s'en passer. La carène Finot a connu une dernière évolution sous le vocable First 20. Cette fois, pour les 20 ans de la série, c'est le gréement qui a été modifié : l'espar, un peu plus court, devient auto-porté et se passe de pataras. La grand-voile gagne une corne, le foc est plus petit… mais on ne peut plus reprendre à loisir la tension de l'étai. Le gel coat a d'abord été décliné en bleu, puis blanc, jaune, bleu marine et enfin gris clair.

Caractéristiques du First 210

- Constructeur : Bénéteau
- 2 500 exemplaires depuis 1992
- Matériau : polyester
- Architecte : groupe Finot
- Longueur de coque : 6,20 m
- Longueur à la flottaison : 6,00 m
- Largeur : 2,48 m
- Tirant d'eau : 0,70/1,80 m
- Déplacement lège : 1,10 t
- Lest : 0,35 t
- Surface de grand-voile : 13,00 m²
- Surface de génois : 11,40 m²
- Moteur : HB 5 à 8 ch

FRA
21566
FRA 21566

Voiliers et bande dessinée

Avec leur gréement, les voiliers inspirent la main du dessinateur. Les embruns sont ainsi entrés dans le monde la bande dessinée.

Mille sabords !

Le plus célèbre voilier de la BD est sans aucun doute *La Licorne* du chevalier de Hadoque, ancêtre du non moins célèbre capitaine Haddock, dans Les Aventures de Tintin, *Le Secret de La Licorne* et *Le Trésor de Rackham le Rouge*. Pour son dessin, Hergé se serait inspiré d'un navire de la flotte de Louis XIV, *Le Brillant*, qui fut en service de 1690 à 1719 et dont une maquette existe au musée de la Marine de Paris. *Le Brillant* participa notamment à un raid sur Rio de Janeiro en 1711.

Pirates et corsaires

Dès les années 1950, la bande dessinée connut plusieurs séries maritimes mettant en scène des pirates : la série « *Vieux Nick et Barbe-Noire* » de Marcel Remacle et Marcel Denis, qui parut dans le journal *Spirou* de 1958 à 1990, et « *Barbe-Rouge* », héros créé par deux auteurs belges, Charlier et Hubinon – déjà auteurs de trois volumes d'aventures de *Surcouf* –, et qui apparut pour la première fois dans *Pilote* en 1959. Après la mort de Hubinon en 1979, la série fut reprise par plusieurs dessinateurs et scénaristes successifs, et continue aujourd'hui sous le nom « *Les Nouvelles Aventures de Barbe-Rouge* ».

Collaborateur à « *Barbe-Rouge* », Patrick Pellerin créa ensuite, en 1994, sa propre série, « *L'Épervier* », dont le héros est un corsaire de Louis XV. Cette série donna lieu à une adaptation télévisée.

N'oublions pas, pour les plus jeunes, le personnage de *Pepito*, créé en 1951 en Italie par Luciano Bottaro et qui connut en France sa propre revue (plus de deux cent cinquante numéros) en petit format, diffusée dans les gares. Corsaire au visage poupin, il lutte contre Sa Ventripotence, le gouverneur Hernandez de La Banane. Quant aux Quatre As (de Chaulet et Craenhals), un épisode de leurs aventures les met aux prises avec un vaisseau fantôme. Par ailleurs, on doit au dessinateur belge Bob de Moor, la série « *Cori le Moussaillon* », dont les premiers épisodes parurent dans l'hebdomadaire *Tintin*. Son *Expédition maudite* a obtenu le prix jeunesse du Festival d'Angoulême en 1988.

Vaisseaux de haut bord

La série « *Les Passagers du vent* », créée en 1979 par François Bourgeon et dont plusieurs volumes évoquent la traite négrière, se passe au XVIIIe siècle. Le travail de l'auteur se caractérise par la précision de sa documentation. Le musée de la Marine lui consacra une exposition en 2010.

Plus récente, la série de Marc Bourgne et Franck Bonnet, « *Les Pirates de Barataria* », compte déjà une douzaine de volumes. L'action se déroule au début du XIXe siècle.

Notons enfin qu'une série de quatre albums consacrés au *Belem*, due à Jean-Yves Delitte, est parue de 2006 à 2011.

Les classiques de la mer adaptés

À ces albums s'ajoutent les adaptations dessinées de classiques de la littérature maritime, comme *L'Île au trésor* de Robert Louis Stevenson dont, de René Pellos à Hugo Pratt en passant par Pierre Joubert, les interprétations graphiques sont nombreuses, tout comme celles de *Moby Dick* de Herman Melville. Le roman *À bord de l'Étoile Matutine* de Pierre Mac Orlan a été adapté en bande dessinée par Riff Reb's en 2009.

Les grands explorateurs historiques comme James Cook, Fernand de Magellan et le comte de La Pérouse ont eu leur biographie dessinée, à plusieurs reprises pour certains.

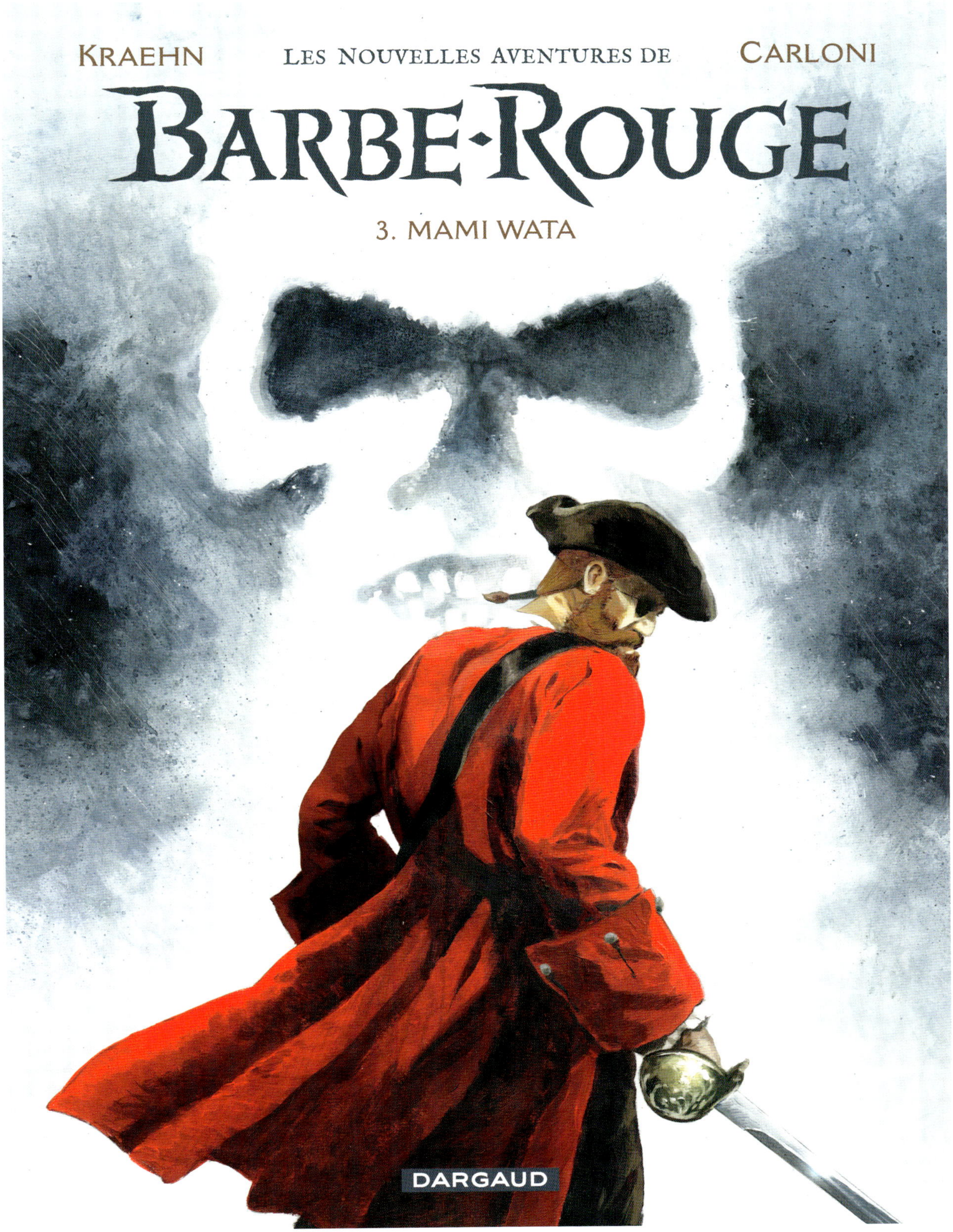
KRAEHN
LES NOUVELLES AVENTURES DE
CARLONI
BARBE-ROUGE
3. MAMI WATA
DARGAUD

Le Nomade des mers, laboratoire des low-tech

Pour Corentin de Chatelperron, les low-tech sont une évidence depuis toujours et il a mis ses études d'ingénieur au service de ses convictions pour les faire avancer.

Texte Caroline Britz

Pour reprendre les mots du site Low-tech Lab (lowtechlab.org), les low-tech sont des technologies, des services et des savoir-faire qui répondent à des besoins essentiels dans des domaines tels que l'énergie, l'alimentation, l'eau, la gestion des déchets, les matériaux de construction, l'habitat, les transports, l'hygiène ou encore la santé. Elles sont durables, car autant que possible robustes, réparables, recyclables, et pensées pour que leur impact écologique et social soit optimal. Enfin, elles sont accessibles au plus grand nombre, tant du point de vue financier que du point de vue de leurs utilisations.

Pratique grandeur nature

En 2010, il est fraîchement expatrié au Bangladesh où il travaille sur le chantier naval Tara Tari, qui produit des bateaux en composite et fibre de verre. Rapidement, il réfléchit au moyen de remplacer la fibre de verre par un matériau local et moins polluant : le jute ! Deuxième fibre naturelle la plus produite au monde après le coton, la fibre de jute a très longtemps servi à la confection de sacs de transport de marchandises, par exemple. Aujourd'hui, cette industrie essentielle à l'économie du pays est mise à mal par l'arrivée des matières synthétiques.

Corentin imagine alors d'utiliser le jute dans l'industrie composite, et notamment de tester l'idée sur la coque d'un petit voilier, qu'il va dessiner et concevoir avec le cabinet d'architectes navals VPLP. *Tara Tari*, ainsi nommé

en hommage à son chantier natal, va voir le jour. Le jeune ingénieur va mélanger 40 % de fibre de jute à 60 % de fibre de verre dans le composite.
C'est une première mondiale. Son petit bateau de 9 mètres flotte et, Corentin le sait, il peut devenir le meilleur ambassadeur pour promouvoir ces innovations qui font sens autant pour l'homme que pour l'environnement.

Le voilier Gold of Bengal est né

Alors qu'il sait à peine naviguer, Corentin de Chatelperron se lance dans une grande aventure : rentrer en France à bord de sa coque de noix. Il quitte Kuakata au Bangladesh en 2010 pour faire route vers La Ciotat, près de Marseille. Un voyage de plus de 16 000 kilomètres, qu'il effectuera en six mois, au cours duquel il éprouve ses talents de navigateur autant que ceux d'ingénieur puisque face aux aléas que représente un tel périple pour un petit bateau expérimental, il improvise beaucoup de solutions grâce aux moyens du bord et aux ressources locales qu'il trouve lors de ses escales. À son arrivée en France, il en est encore plus convaincu : les techniques locales et ancestrales, utilisées avec ingéniosité et un peu d'innovation, pourraient apporter toutes les réponses nécessaires aux défis de notre époque.
Son épopée de six mois n'est pas passée inaperçue : des partenaires et des mécènes manifestent vite leur intérêt pour ce projet et ce matériau qui a fait ses preuves, même soumis à rude épreuve. Avec leur soutien, Corentin

mobilise plus d'une dizaine de profils, dont notamment des ingénieurs, autour du développement d'un matériau à base de fibre de jute, adaptée à l'utilisation composite. En 2013, le fruit de leur labeur voit le jour : le voilier *Gold of Bengal* est le premier au monde à avoir une coque entièrement renforcée en fibre de jute !

Le Nomade des Mers lui succède

Gold of Bengal, avec Corentin de Chatelperron à son bord, part alors naviguer pour six mois dans le golfe du Bengale. En escale, Corentin et son équipe prennent la mesure de tout ce que l'on peut faire en observant les initiatives locales. Partout, ils découvrent des gens qui innovent avec les moyens du bord et dont les inventions pourraient être utiles dans le monde entier.

Alors, rapidement rejoint par toute une équipe, Corentin initie le Low-tech Lab. L'idée est de collecter toutes les innovations, les bonnes idées, les projets utilisant les low-tech pour les faire connaître, mais aussi pour permettre à tous les acteurs des low-technologies, dans tous domaines, de se parler et d'échanger leurs savoir-faire.

Fort de toute cette expérience et avec l'aide de l'incubateur Explore du navigateur Roland Jourdain, Corentin passe à la vitesse supérieure. Il réaménage un catamaran de 45 pieds en laboratoire low-tech, il le baptise *Nomade des Mers* et, en février 2016, avec son équipage, quitte Concarneau pour un tour du monde à la rencontre de toutes les low-tech du monde.

NOMADE DES MERS
INTER-IL

LE SAUVETAGE EN MER

L'assistance aux personnes et aux biens en mer paraît aujourd'hui naturelle. Cela n'a pas toujours été le cas... surtout pour les biens !

Aux origines du sauvetage en mer

Sans mentionner les naufrageurs, le pillage des épaves a longtemps été une activité lucrative sur les côtes déshéritées. Dans *Le Pirate*, Walter Scott, qui connaissait bien les Orcades, prête à un habitant les paroles suivantes : « C'est si beau un vaisseau échoué, que le ministre lui-même n'y tiendrait pas, il quitterait sa chaire au milieu de son sermon pour y aller comme tout le monde [...] » Le naufrage est perçu comme un don de la Providence. Dans ces conditions, l'aide aux marins paraît bien secondaire, voire gênante... Le poète Tristan Corbière évoque les pilleurs d'épaves dans son poème « Le Naufrageur » publié dans *Les Amours jaunes* :

« Mon père était un vieux saltin,
Ma mère une vieille morgate...
Une nuit, sonna le tocsin :
– Vite à la côte : une frégate ! –
... Et dans la nuit, jusqu'au matin,
Ils ont tout rincé la frégate... »

L'idée d'organiser les secours en mer ne prit consistance qu'au début du XIXe siècle, avec la fondation, en 1824, de la Royal National Lifeboat Institution (son nom d'origine était National Institution for the Preservation of Life from Shipwreck) par Sir William Hillary. En France, la Société humaine et des naufrages de Boulogne-sur-Mer est fondée l'année suivante.

La SNSM

L'actuelle SNSM (Société nationale de sauvetage en mer) est née en 1967 de la fusion de la Société centrale de sauvetage des naufragés, fondée en 1865, et des Hospitaliers sauveteurs bretons, datant de 1873.

Son but premier est la sauvegarde des personnes en mer. Elle dispose de stations réparties sur tout le littoral et d'embarcations allant du pneumatique aux vedettes en passant par les célèbres canots tous temps, insubmersibles et autoredressables.

La SNSM assure également la formation de maîtres-nageurs sauveteurs affectés l'été à la surveillance des plages. Elle est financée pour partie par des subventions publiques et par des dons et legs privés. Faire un don à la SNSM est un moyen pour le plaisancier de témoigner de sa solidarité avec les sauveteurs en mer.

SNS 9001
SNS 9001
SAUVETEURS EN MER

TRADITIONS POPULAIRES MARITIMES

Objets de « patience » – le temps pouvait être long sur les voiliers de commerce, entre escales et attente de vents favorables, sans parler du marin débarqué après une vie bien remplie – et chansons de travail, tout un folklore spécifique marque le monde maritime.

Le bateau en bouteille

Il fait partie des traditions de l'art populaire maritime. Ce loisir des marins au long cours et des gardiens de phares s'est développé au XIXe siècle, aidé par la vulgarisation des bouteilles en verre blanc. La méthode traditionnelle consiste à assembler à l'extérieur de la bouteille l'ensemble du bateau en laissant libres les fils du gréement afin de pouvoir, une fois la maquette passée par le goulot, redresser les mâts en tirant sur ces fils. Une technique complexe permet des réalisations plus importantes par rapport au diamètre du goulot : en faisant entrer séparément la coque et le gréement, mais l'assemblage est ardu. Il y a aussi des tricheurs : la bouteille est découpée puis recollée une fois le bateau entré. Une décoration tente alors de masquer la coupe.

Il existe une association regroupant les passionnés (association Bateaux en bouteilles) qui publie un bulletin trimestriel intitulé *Rose des vents*.

Les ex-voto marins

Les ex-voto remercient la divinité ou un saint pour une guérison, la survie à une catastrophe ou à un accident. Les aléas de la navigation étant ce qu'ils sont, les marins ont offert aux églises de nombreux ex-voto pour remercier d'avoir échappé à un naufrage, d'avoir survécu à une chute à la mer ou à une épidémie à bord. Ce pouvait être aussi pour remercier Dieu d'une navigation sans encombre ou, si offert avant de prendre la mer, pour se rendre le destin favorable. Églises et chapelles du littoral sont ainsi ornées de nombreux ex-voto. L'aspect des ex-voto marins est varié. Souvent il s'agit d'un navire, réalisé plus ou moins naïvement, qui est accroché à la voûte de l'église. L'ex-voto peut également être mis sous verre, dans des boîtes en bois peint. On obtient alors un diorama où le navire est mis en situation devant un décor peint avec une côte ou un phare et une mer plus ou moins agitée. Le diorama est alors accroché au mur ou posé sur un socle. De manière plus classique, se rencontrent des ex-voto sous forme de tableaux (parfois en broderie) ou de simples plaques commémoratives.

Chansons de cabestan, chansons à virer

En bien des métiers, les chansons ont accompagné le travail et, surtout, donné le rythme de l'effort. Cela a été le cas sur les grands voiliers, avec les chansons à virer (virer, c'est haler un cordage, un câble) qui ont rythmé l'effort collectif des marins employés au cabestan et au guindeau, en particulier lorsqu'il s'agissait de lever l'ancre, de la déraper au moyen de lourdes chaînes.

Voici les paroles de la plus célèbre :

« *(refrain)*
Encor'et hop et vire !
Encor'et hop et vire !
Encor'et hop et vire !
Vire encore un coup.
Hardi ! les gars, l'ancre est dans les fonds.
Hardi ! les gars, maillon par maillon.
Hardi ! les gars !
Nous l'arracherons, les gars, si nous virons.

C'est pas l'moment, les gars, d'être saouls.
C'est pas l'moment d'avoir les bras mous.
C'est pas l'moment
D'plier les g'noux, les gars, faut virer tout

L'ancre est à pic, on va déraper.
L'ancre est à pic, la mer a lâché.
L'ancre est à pic !
Des mains, des pieds, les gars, il faut virer.

Encore un coup, c'est pour le retour.
Encore un coup, enlèv' le plus lourd.
Encore un coup,
C'est l'dernier tour, les gars, virons toujours ! »

LES GRANDES COMPÉTITIONS

Parmi les compétitions de voile, quelques-unes ont atteint une large renommée et rythment l'actualité sportive au fil des ans.

La Coupe de l'America

Plus ancienne compétition à la voile toujours existante – et l'une des plus anciennes compétitions sportives tout court – la Coupe de l'America (« America's Cup ») date de 1851. En marge de l'Exposition universelle de Londres, le Royal Yacht Squadron de Cowes, sur l'île de Wight, organisa cette année-là une régate autour de l'île. La goélette américaine *America* représentant le New York Yacht Club devança le yacht anglais *Aurora* et remporta le trophée qui prit le nom du navire vainqueur. La coupe allait rester aux États-Unis jusqu'en 1983 où, pour la vingt-cinquième édition, un navire australien gagna la course. Depuis, à l'exception d'une parenthèse suisse, les vainqueurs furent soit américains, soit néo-zélandais. La compétition se tient traditionnellement dans le pays du yacht-club *defender*, titulaire du titre, mais l'édition 2024 a dérogé à cette habitude et a été organisée à Barcelone. Le *challenger* qui affronte le *defender* est sélectionné parmi les concurrents ayant relevé le défi aux termes de régates constituant la Coupe Louis-Vuitton.

Une autre compétition vénérable, datant de 1906 et toujours existante, a aussi son origine sur l'Île de Wight : la course annuelle Cowes-Dinard.

Premier jour de l'America's Cup World Series Cascais, Portugal, 2011.

1

3

2

La Transat anglaise

Plus ancienne course transatlantique en solitaire, la Transat anglaise, à ses débuts la Ostar (« Observer Single-handed Trans-Atlantic Race »), a été fondée en 1960. Elle se tient tous les quatre ans. Sa première édition, ralliant Plymouth à New York, a été remportée par Francis Chichester. La course a particulièrement souri aux skippers français, avec les deux victoires de Tabarly (1964 et 1976), celle d'Alain Colas en 1972, les trois victoires de Loïck Peyron (1992, 1996, 2008)… Au total, on comptait après l'édition de 2016, onze victoires françaises en quatorze épreuves.

Le Vendée Globe

Lointain héritier du Golden Globe Challenge qui n'eut lieu qu'une fois en 1968, le Vendée Globe a été créé en 1989 par le navigateur Philippe Jeantot. Il se tient tous les quatre ans ; départ et arrivée se déroulent aux Sables-d'Olonne. Le parcours franchit les trois caps : Bonne-Espérance, Leeuwin et Horn. C'est une des manifestations sportives les plus populaires, avec plusieurs centaines de milliers de spectateurs venant assister au départ. Tour du monde en solitaire sans escale, c'est la plus exigeante des courses : le nombre de bateaux à l'arrivée a été parfois inférieur à 50 % du nombre de participants au départ, comme en 1989 et 1996. Le premier vainqueur a été Titouan Lamazou. Michel Desjoyeaux a remporté l'épreuve à deux reprises, en 2000 et 2008. Le record de vitesse est détenu par Armel Le Cléac'h en 74 jours 3 heures, 35 minutes. Le palmarès, en réalité, peut paraître secondaire : c'est déjà un exploit de finir la course. Lors de l'édition de 1996, Catherine Chabaud fut la première femme à effectuer un tour du monde en solitaire.

Golden Globe Race

Pour le cinquantième anniversaire du Golden Globe Challenge, une nouvelle Golden Globe Race a été organisée au départ des Sables-d'Olonne en 2018. Les navires devaient utiliser des équipements similaires à ceux de 1968, donc sans électronique. La course fut remportée par Jean-Luc Van Den Heede, qui avait collectionné les places d'honneur sur le Vendée Globe. L'expérience fut renouvelée en 2022 et une nouvelle épreuve est annoncée pour 2026.

L'Ocean Race

Très différente du Vendée Globe, l'Ocean Race, anciennement la Whitbread, est une course autour du monde par équipage avec escales, en monocoque. Elle se déroule tous les trois ans. Initialement, les ports de départ et d'arrivée étaient en Angleterre (Portsmouth, puis Southampton), mais la dernière édition a mené d'Alicante à Gènes. Si la course a souri aux Néo-Zélandais Peter Blake (1989-1990) et Grand Dalton (1993-1994), plusieurs navigateurs français ont inscrit leur nom aux palmarès, dont Franck Cammas (2011-2012) et Charles Caudrelier (2017-2018).

4

1 *Sir Francis Chichester, dans la poupe de* Gypsy Moth IV, *traverse la ligne d'arrivée après son voyage épique autour du monde. Transat anglaise, 28 mai 1967.*

2 *Catherine Chabaud est à jamais la première femme à avoir bouclé un Vendée Globe, édition 1996-1997.*

3 *Vainqueurs à Lorient de l'avant-dernière étape, Franck Cammas et ses équipiers prennent une très sérieuse option sur la victoire finale, Ocean Race 2011-2012.*

4 *Arrivée à Falmouth du bateau* Suhaili *appartenant à Robin Knox Johnston, Golden Globe 1969.*

La Route du Rhum

Créée en 1978, la Route du Rhum est une course en solitaire ralliant Saint-Malo à la Guadeloupe tous les quatre ans, fin octobre-début novembre. C'est une des courses les plus populaires, avec près 1,5 million de visiteurs, tant pour le village de course que pour le départ. En 2022, cent trente-huit bateaux s'élançaient de Saint-Malo, répartis en plusieurs catégories selon leur nombre de coques et leurs longueurs. Seul le navigateur suisse Laurent Bourgnon a remporté l'épreuve à deux reprises (1994 et 1998). La victoire de Florence Arthaud en 1990 marqua les esprits. En 2002, Ellen MacArthur remporta sur *Kingfisher* la course dans la catégorie monocoque, ne concédant que quelques heures à Michel Desjoyeaux, vainqueur sur multicoque. En 2022, le record de l'épreuve a été abaissé à six jours, dix-neuf heures par Charles Caudrelier.

Michel Desjoyeaux, l'un des trois « rescapé » en Orma, arrive en vainqueur à Pointe-à-Pitre.

Transat Jacques-Vabre

Célébrant non pas le rhum mais le café, la Transat Jacques-Vabre, course transatlantique en double, a été créée en 1993. Elle part tous les deux ans du Havre, historiquement le plus important port français d'importation de café. Les deux dernières éditions ont eu pour destination la Martinique. Des courses précédentes sont arrivées au Brésil (Bahia), en Colombie (Carthagène) et au Costa Rica.

La Mini-Transat

La Mini-Transat est une course transatlantique en solitaire qui a la particularité de se courir à bord de voiliers de 6,50 mètres, d'où son autre appellation : Transat 6.50. Elle s'effectue sans routage météo par satellite ni aucun contact avec la terre. Pour des raisons de sécurité, une escale intermédiaire a lieu à Madère ou aux Canaries. Créée en 1987, elle se dispute tous les deux ans. Les premières éditions partirent de Penzance, en Cornouailles, vers les Antilles. Depuis 1985, le départ se fait en France, pour une arrivée en Guadeloupe ou en Martinique, mais plusieurs éditions ont eu leur point d'arrivée au Brésil. Nécessitant un budget moins important que les grandes compétitions et misant davantage sur les qualités marines du navigateur que sur la technologie, elle a permis à de nombreux jeunes skippers d'y participer et de s'y révéler. Son fondateur, Bob Salmon, insistait sur l'accessibilité financière de l'épreuve pour que la course puisse être ouverte au maximum de passionnés de la mer, indépendamment de leurs moyens. C'était pour lui une protestation contre la démesure de certains projets.

Le Spi Ouest-France

Autre course très populaire, largement ouverte, le Spi Ouest-France rassemble chaque week-end de Pâques plus de quatre cents embarcations (quatre cent trente-neuf en 2023) et plus de deux mille régatiers dans la baie de Quiberon. Créée en 1978, c'est une des plus importantes manifestations de ce type en Europe.

La Solitaire du Figaro

La Solitaire du Figaro, fondée comme « Course de l'Aurore » en 1970 du nom d'un quotidien aujourd'hui disparu, est une course en solitaire par étapes se déroulant chaque été sur les côtes de la Manche et de l'Atlantique. Le départ et l'arrivée sont situés en France, avec trois ou quatre étapes intermédiaires qui peuvent être en Espagne, en Irlande ou au Royaume-Uni. La particularité de l'épreuve est d'être disputée sur un monotype : le Figaro Bénéteau, classe de voilier monocoque qui a connu trois versions depuis sa création : une première de 9 mètres de long, les deux autres dépassant d'un peu plus de 10 mètres, la troisième version est équipée de foils. Plusieurs épreuves annuelles sont organisées sur ces navires, comme la Transat en double (Transat AG2R devenue Transat Paprec). Cinq skippers ont remporté à trois reprises la Solitaire du Figaro, dont Jean Le Cam, monté huit fois sur le podium. La première édition avait été remportée par Joan de Kat.

1 *La Transat Jacques-Vabre, 2017.*

2 *L'étrave d'un voilier de course Bénéteau, le Spi Ouest-France.*

3 *La Solitaire du Figaro, 2013.*

4 *À bord de son Muscadet, Jean-Luc Van Den Heede termine quatrième de la Mini-Transat 1977.*

1

2

3

4

1

FINISH
FINAGAZ
Fondation FDJ
YANMAR
Beijaflore
Conseil en management
13
11

2

1 *Le Tour de France à la Voile, 2017.*

2 *Bruno Peyron et ses équipiers battent le record du tour du monde en équipage à bord d'un catamaran de 28 mètres de long, trophée Jules Verne 1993.*

Le Tour Voile

Le Tour Voile, anciennement Tour de France à la Voile, se court sur monotype, le *Figaro Bénéteau 3*. Il relie plusieurs villes des côtes françaises en quinze jours chaque mois de juillet et alterne courses côtières et hauturières. Les équipages de quatre personnes doivent embarquer deux équipiers de moins de vingt-six ans sur au moins deux actes. Le départ de l'édition 2024 s'est tenu à Dunkerque.

La Fastnet

La Fastnet (Fastnet Race) est une course anglaise en équipage et sans escale fondée dès 1925. Elle se court toutes les années impaires depuis les années 1930. Partant de Cowes, sur l'île de Wight, elle ralliait Plymouth après avoir virer le rocher du Fasnet, au sud de l'Irlande, occupé par le phare du même nom. Les deux dernières éditions (2021 et 2023) ont eu Cherbourg pour port d'arrivée. La Fastnet implique un nombre important de voiliers : quatre cent trente, répartis en plusieurs classes, ont pris le départ en 2023. La première édition fut remportée, tout comme celles de 1929 et 1930, par le cotre *Jolie Brise*, ancien navire pilote français, puis pêcheur, de 22 mètres de long hors tout, construit en 1913 et acquis par un plaisancier anglais, et qui appartient aujourd'hui à une école de voile anglaise. Bien que se déroulant fin juillet ou début août, cette course peut avoir à affronter des conditions de navigation dures. La Fasnet connut ainsi en 1979 la plus grosse tragédie de l'histoire du yachting, avec la mort de quinze des participants suite à une tempête à la puissance non prévue où les vagues dépassèrent une hauteur de 10 mètres et les vents une vitesse de 60 nœuds.

La Sydney-Hobart

Tous les ans depuis 1945, des voiliers s'élancent de Sydney le 26 décembre pour rallier Hobart, en Tasmanie, par un parcours de 628 miles. Bien que se déroulant pendant l'été austral, la Sydney-Hobart peut se révéler périlleuse, avec la traversée du détroit de Bass qui sépare la Tasmanie du continent australien. Ainsi, en 1977, seuls soixante-dix navires arrivèrent sur cent trente et un partants. Le taux d'abandon fut encore plus élevé en 1984 (quarante-six arrivants sur cent cinquante et un inscrits) et lors de la dramatique édition de 1998 (quarante-quatre arrivants sur cent quinze inscrits). Cette course en équipage comporte deux classements : temps réel et temps compensé, tenant compte des caractéristiques des navires.

Le trophée Jules Verne

Créé en 1992, le trophée Jules Verne récompense le tour du monde à la voile en équipage, sans assistance et sans escale, le plus rapide. Il fait bien sûr implicitement référence au T*our du monde en 80 jours* de Jules Verne. De fait, le premier équipage, mené par Bruno Peyron, établit en 1993 la référence de base en 79 jours et 6 heures. Le parcours est soigneusement déterminé : il passe par les trois caps (Bonne-Espérance, Leeuwin et cap Horn). Une ligne idéale reliant l'île d'Ouessant et le cap Lizard (en Cornouailles) constitue le point de départ et d'arrivée.
Au fil des années le record a été divisé par deux : en 2017, l'équipage mené par Francis Joyon a mis 40 jours et 23 heures pour effectuer la totalité du parcours. Parmi les marins ayant détenu un temps le record, citons Peter Blake, Olivier de Kersauzon, Frank Cammas, Loïck Peyron.
Plus de vingt tentatives ont échoué, soit par avarie de matériel, soit par arrivée dans un délai supérieur au record établi.
Le trophée est matérialisé par une sculpture en forme de carène de l'artiste Thomas Shannon. Le Musée national de la Marine en est le dépositaire.

L'Arkéa Ultim Challenge

Nouvelle course en solitaire autour du monde, sur trimaran de classe Ultime 32/23 (soit des dimensions maximales de 32 mètres de long sur 23 mètres de large), l'Arkéa Ultim Challenge s'est élancée le 7 janvier 2024 de Brest, pour une arrivée dans la même ville. Pour des raisons de sécurité, les escales techniques sont autorisées, mais il n'y avait toutefois que six bateaux, tous français, au départ de cette course impliquant des coûts très élevés. Une démesure, en somme, bien loin de la Mini-Transat ou des premières courses en solitaire.

VOILE LÉGÈRE

Transportables, peu coûteuses, ces petites unités équipent bon nombre de clubs de voile et ont contribué à la formation de nombreux plaisanciers.

Hobie Cat en compétition.

LE HOBIE CAT

Le premier Hobie Cat a été créé en Californie en 1967 par un surfeur, Hobart Alter, surnommé Hobie. Il imagina un catamaran à coques asymétriques, léger et pouvant partir de la plage. Le modèle le plus célèbre de la gamme est le Hobie 16, vendu à plus de cent mille exemplaires depuis 1969. Il mesure 5,05 mètres de long pour 2,43 de large. Le mât de 7,92 mètres lui permet d'offrir au vent une surface de voile de près de 20 mètres carrés. Il peut être équipé d'un spi. Sa légèreté, 150 kilos, en fait un bateau rapide et sportif, d'un maniement délicat mais ludique. Il existe en versions « easy » et « junior », moins toilées, pour les écoles de voile. Des championnats nationaux ou internationaux sont régulièrement organisés.
La fabrication en France, sous licence américaine, a commencé dès 1975.

LE LASER

Ce dériveur solitaire et monotype d'à peine plus de 4 mètres de longueur, équipé d'une seule voile, a été créé par l'architecte canadien Bruce Kirby, un passionné de navigation qui représenta plusieurs fois son pays aux Jeux olympiques. Il s'agissait de réaliser un dériveur aisément transportable en voiture, simple et bon marché. Le pari fut tenu, et dès son apparition au début des années 1970, le Laser connut un succès mondial, équipant nombre de clubs et écoles de voile.
Sous la dénomination d'ILCA 7 et ILCA 6 (ancien Laser radial), il est toujours présent aux épreuves olympiques.

Une flottille d' Optimist.

L'OPTIMIST

De l'aveu même de son créateur, l'américain Clark Mills, l'Optimist est la caisse à savon des gamins des rues munie d'une voile et lancée sur les flots… Léger, maniable, bon marché, ce petit bateau de 2,30 mètres de long à fond plat a rapidement gagné les faveurs des écoles de voile. Bien des plaisanciers ont tiré leurs premiers bords sur un Optimist. Créé en 1947, il s'est répandu en France à partir des années 1960. Il existe en plastique ou en aluminium, et des kits pour le construire dans sa matière d'origine, le bois, sont toujours proposés.

LES NOMS DES VOILES

Chaque voile à son nom, en fonction de son emplacement, du mât qui la porte, du type de gréement et de sa coupe. Beaucoup de ces appellations ne concernent que les navires traditionnels car le gréement bermudien, très répandu en plaisance, a considérablement réduit le nombre de voiles.

Voiles d'avant

Les focs sont les voiles triangulaires les plus à l'avant du navire ; à l'avant donc du mât de misaine sur les goélettes ou sur les trois-mâts, du grand mât sur des ketchs ou des yawls, et du mât unique pour les cotres. Le mot est d'origine hollandaise. On distingue traditionnellement, lorsqu'il y en a plusieurs, le grand foc, le petit foc et le clinfoc. Ce dernier est le plus en avant, placé en hauteur. La trinquette est le foc le plus proche du mât. Le tourmentin désigne un petit foc dont on fait usage pendant la tempête.

Sur les sloops de plaisance à gréement bermudien, le génois, la grande voile triangulaire, remplace souvent le foc.

Voilier sous gréement aurique.

Voiles des trois-mâts

Le nom des voiles se répète pour partie symétriquement sur les trois-mâts, en fonction de leur emplacement en hauteur.

- Sur le mât de misaine, on a ainsi, la misaine, surmontée du hunier fixe et du hunier volant, puis le petit perroquet fixe et le petit perroquet volant pour finir par le petit cacatois et le petit contre-cacatois.
- Sur le grand mât, la grand-voile est surmontée du grand hunier fixe et du grand hunier volant, puis du grand perroquet fixe et du grand perroquet volant, et enfin du grand cacatois et du grand contre-cacatois.
- Sur le mât d'artimon, dans le même ordre se succèdent la voile d'artimon ou voile barrée, puis le hunier fixe de fougue, le hunier volant de fougue, la perruche fixe, la perruche volante et enfin le cacatois de perruche et le contre-cacatois de perruche. Au même mât figure la brigantine, grande voile aurique qui remplace ou s'ajoute à la voile d'artimon.

Dans le cas d'un trois-mâts barque, le mât d'artimon possède un gréement aurique avec brigantine et flèche.

Lorsque toutes les voiles portées par un mât sont carrées, on emploie le terme générique de phare carré. Un trois-mâts carré a ainsi trois phares carrés ; un trois-mâts barque deux phares carrés et un mât d'artimon aurique ; un trois-mâts goélette un phare carré et deux phares auriques.

Le spinnaker

Il est né pour sa part dans le monde du yachting. La première fois, en 1865, il équipa la *Niobé* à l'occasion de régates en Angleterre, puis en 1866, le *Sphynx* lors de courses à Ryde, une station de l'île de Wight. Le nom de « spinnaker » proviendrait de la mauvaise prononciation du mot « sphynx » par les marins, qui disaient « spinks ». Mais d'autres hypothèses ont été émises.

Le spinnaker est une voile triangulaire de grande surface hissée à l'avant du navire lorsque le vent souffle de l'arrière ou de trois quarts (grand largue). Il peut être symétrique ou asymétrique. Le terme « foc ballon » qui a été utilisé en France avant d'être supplanté par l'appellation britannique exprime bien sa forme lorsqu'il est gonflé par le vent.

Apparue récemment, la parasailor est une voile hybride entre spi et voile de parapente.

Voile latine

Voile triangulaire traditionnelle du monde méditerranéen, la voile latine est le gréement des felouques, des tartanes et, bien sûr, du pointu. Dans ce type de gréement, la voile est fixée sous une vergue appelée antenne et composée de deux parties, la penne et le quart. Plus longue que le mât, elle est inclinée et attachée à l'avant du bateau. Le point de suspension (appelé parfois « bragot ») de l'antenne au mât lui confère une grande maniabilité.

La voile latine est ainsi très performante pour remonter au vent, mais le maniement de l'antenne lors des changements de bord nécessite dextérité et expérience. Les premières caravelles des explorateurs étaient équipées de voiles latines, puis les voiles carrées l'emportèrent. La voile latine est davantage adaptée à une navigation côtière, où les vents peuvent changer fréquemment de direction, qu'à une traversée océanique, avec des vents constants.

10
5
14
9
4
13
15
8
3
12
7
2
16
11
17
6
1
18
19
ХЕРСОНЕС

Gréement bermudien

Le gréement bermudien est le plus répandu en plaisance. Il se caractérise par une grand-voile triangulaire à l'arrière d'un mât élevé, maintenue d'un côté par ce mât et, pour sa partie inférieure, par la bôme. Il n'y a pas de corne comme dans les gréements auriques qui, inclinée, soutient par le haut la voile principale et peut être surmontée d'une voile de flèche. Il est donc remarquablement simple et maniable, ce qui explique son succès.
Comme son nom l'indique, ce gréement est originaire des Bermudes, où il était employé sur les navires de commerce au XIXe siècle. Il est appelé aussi gréement Marconi, par référence aux mâts de transmission radio de Guglielmo Marconi.

1 *Misaine*
2 *Petit hunier fixe*
3 *Petit hunier volant*
4 *Petit perroquet*
5 *Petit cacatois*

6 *Grand voile*
7 *Grand hunier fixe*
8 *Grand hunier volant*
9 *Grand Perroquet*
10 *Grand Cacatois*

11 *Hunier fixe de fougue*
12 *Hunier volant de fougue*
13 *Perruche fixe*
14 *Perruche volante*

15 *Foc en l'air*
16 *Clinfoc*
17 *Grand foc*
18 *Faux foc*
19 *Petit foc*

(le navire représenté n'a pas déployé sa voile d'artimon, ni sa trinquette)

Ellen MacArthur, la reine mer

D'elle, les marins ne parlent encore aujourd'hui qu'avec des superlatifs tant son palmarès est fourni, sa personnalité, charismatique, et son aura, intacte. Incontestable championne de la course au large, la Britannique n'a finalement pas sillonné les océans bien longtemps.

Texte Stéphane Dugast

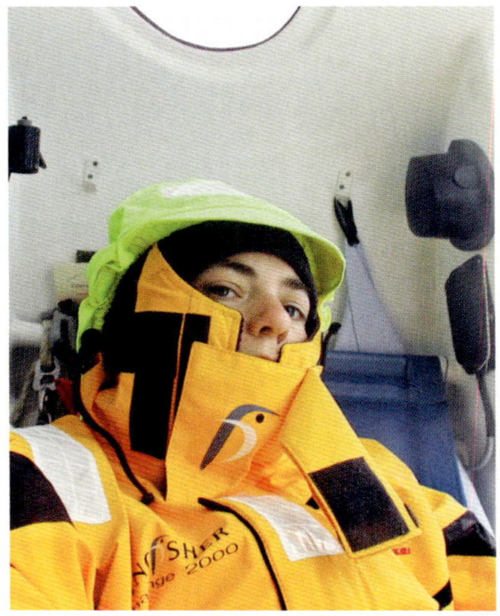

Une première distinction en 2001

Apparue en septembre 1997 à la Mini-Transat au départ de Brest, seule femme inscrite et benjamine pour cette traversée de l'Atlantique, elle met un terme à sa carrière sportive treize ans plus tard, laissant néanmoins une empreinte indélébile dans le milieu nautique. Pour les Français, elle est celle qui s'est distinguée lors de la première édition du Vendée Globe version troisième millénaire. Le 11 février 2001, Miss MacArthur prend, à vingt-quatre ans, la deuxième place de ce tour du monde à la voile en solitaire. Les médias ont des yeux de Chimène pour cette navigatrice venue d'outre-Manche. Son visage poupon, sa coupe à la garçonne, sa bonne humeur et son accent « franglais » ; tout séduit chez cette native du comté de Derbyshire. Pareille performance lui vaut d'entrer de plain-pied dans le panthéon des champions des courses océaniques.

Ce 11 février, devant une forêt de micros et un mur de caméras, elle raconte son épopée. Elle analyse sa performance. Elle se confie sur les hauts et les bas de ces quatre-vingt-quatorze jours de course. Elle répond du tac au tac, en anglais, et en français qu'elle maîtrise aussi. Elle le dit et le redit : « C'est vraiment l'un des plus beaux moments de ma vie. » Elle le dit et le répète : « Et je n'arrive pas à réaliser exactement ce qu'il se passe. »[1] Les questions fusent, tous azimuts. Une réponse interpelle les médias présents, tant ce discours n'est alors pas du tout dans l'ère du temps : « La mer est une poubelle [2] ! » Ce constat, elle le commente, énumérant tous les objets flottants – sacs, bouteilles en plastique, containers et déchets en tout genre – qu'elle a croisés sur sa route. Divague-t-elle ? Exagère-t-elle ? Qu'importe, se disent les suiveurs. Sa popularité a grimpé en flèche, sa confiance est à son zénith et sa soif de compétition paraît inextinguible. La jeune skippeuse peut continuer à naviguer « à donf » (son slogan), tant son parcours fait désormais rêver.

De performance en performance

En novembre 2002, elle remporte une victoire de prestige sur la Route du Rhum en monocoque. « La course était super, et j'ai beaucoup de plaisir en mer », confie-t-elle à l'arrivée. Dans la foulée, elle décide de s'attaquer au trophée Jules Verne en équipage à bord du trimaran *Kingfisher II*. Elle échoue suite à un dématage à 100 miles des îles Kerguelen, mais la tentative ne fait que renforcer sa détermination pour un nouveau défi, comme elle l'écrit en 2011 dans sa biographie, *Les Pieds sur terre* : « Pas un jour à bord ne s'était écoulé sans que je m'imagine en mer, seule à la barre d'un multicoque. J'avais même les croquis du futur bateau cachés sous ma couchette ! » Deux semaines après son dématage, elle s'envole en Australie où sera construit le trimaran de ses rêves : *B&Q/Castorama*, à bord duquel elle s'élancera bientôt autour du monde en solitaire. C'est lors d'un convoyage vers New York en passant par les Malouines qu'elle apprivoise définitivement *Mobi* (le surnom qu'elle a donné à son bateau).

Elle se lance ensuite dans une tentative de record de la traversée de l'Atlantique depuis New York. Si elle échoue de soixante-quinze minutes, sur son trimaran de 75 pieds (23 mètres de long), elle a néanmoins acquis la confiance nécessaire pour continuer de voir grand et de concrétiser ses rêves. Six mois plus tard, elle boucle sans coup férir un tour du monde à la voile en solitaire de 27 354 milles (50 560 kilomètres) en 71 jours, 14 heures, 18 minutes et 33 secondes, soit une moyenne de 16,2 nœuds, battant le record jusque-là détenu par Francis Joyon. Ce nouveau coup d'éclat a néanmoins laissé des traces tant l'épreuve a été rude sur le plan physique comme psychologique : « J'ai tout donné, mon cœur, mon âme, mon sang ; absolument tout ce que j'avais. Je n'ai jamais poussé si loin, je n'ai jamais été aussi dure avec moi-même, je n'ai jamais été

Ellen MacArthur en 7 dates

1976 : Naît le 8 juillet à Whatstandwell au Royaume-Uni.

1998 : Désignée marin de l'année par la Royal Yachting Association, suite à son premier grand voyage en solitaire sur *Iduna*.

2001 : Devient ultramédiatique avec sa deuxième place au Vendée Globe 2000-2001.

2005 : Bat le record du tour du monde à la voile en solitaire, élue marin de l'année une deuxième fois, et décorée de l'ordre de l'Empire britannique par la reine Élisabeth II.

2010 : Met un terme définitif à sa carrière de skippeuse et crée sa fondation dans l'ambition d'accélérer la transition vers une économie circulaire.

2015 : Un astéroïde, le numéro 20043 de la ceinture principale d'astéroïdes, est baptisé en son honneur Ellenmacarthur.

2018 : Lauréate de la grande médaille Albert Ier, section Médiation.

castorama
www.teamellen.com
castorama
www.teamellen.com
castorama
castorama
castorama
www.castorama.fr
castorama
castorama
X11
TOTAL BOAT

B&G
MAKO
MERCURY

aussi longtemps à la limite – jamais. Sur une échelle de difficulté de 1 à 10, cette aventure décroche un 9 et des poussières, et je ne mettrais pas le Vendée Globe au-dessus de 5 », confie-t-elle dans sa biographie. Pour l'heure, cette performance lui vaut une pluie de récompenses, dont celle d'être promue au rang de chevalier par la reine d'Angleterre, mais aussi de recevoir en France la Légion d'honneur. Cette notoriété, la navigatrice star la mettra au service des causes qui lui tiennent à cœur. En 2003, elle a fondé l'association Ellen MacArthur Cancer Trust dans le but de faire naviguer des enfants malades. Sa vie est cependant un tel tourbillon qu'elle décide de s'offrir une pause.

Comme un électrochoc

Cap sur la Géorgie du Sud, une île britannique située entre le sud de l'Atlantique et l'océan Austral. Deux raisons la poussent à séjourner là-bas, au royaume des albatros, des manchots royaux et de nombreuses espèces d'oiseaux marins. La première est sa fascination pour le Grand Sud, auquel elle a pu goûter en course mais où elle ne faisait que passer. La seconde est sa rencontre fortuite aux Malouines, lors d'un convoyage de *Mobi* vers l'Europe, avec Sally Poncet. La scientifique aventurière australienne, spécialiste en ornithologie, lui a donné l'un de ses livres dénonçant le déclin de la population des albatros et les menaces pesant sur la biodiversité. Ellen veut voir tout cela de ses propres yeux.

Ce voyage agit sur elle comme un électrochoc : « Ce que je ne savais pas, c'est que j'allais découvrir en Géorgie du Sud quelque chose que je ne cherchais même pas. Là-bas, j'allais commencer à voir le monde d'une manière inédite[3] », se souvient-elle. Sur place, la navigatrice randonne, explore, observe, mais surtout prend le temps de se poser et de réfléchir à son avenir. Les paysages qu'elle fréquente font écho à son constat. Durant la première moitié du XXe siècle, la Géorgie du Sud a été une grande station baleinière, comptant jusqu'à sept mille cinq cents habitants, avec un coiffeur et une poste tant l'industrie de l'huile de baleine fonctionnait à plein. « Aujourd'hui, il n'y a presque plus personne. C'est une constante chez l'homme. Il prend une ressource, l'épuise et part à la recherche de la suivante. Sur cette île, j'ai eu un sentiment de malaise[4] », raconte-t-elle à son retour au magazine *Terra-Eco*.

De retour dans sa mère patrie, la navigatrice n'a qu'une obsession : évaluer les ressources sur terre et leur gestion. Pendant quatre ans, elle va ainsi rencontrer des agriculteurs, des chefs d'entreprise, des professeurs et des géologues. Ces rencontres nourrissent sa réflexion. À désormais trente-quatre ans, Ellen estime avoir fait le tour de la question. D'autres, plus existentielles, se posent, comme elle le confie à *Euronews* : : « Quand vous naviguez autour du monde sans escale, vous prenez le minimum. Votre stock de provisions ou de gasoil est limité et diminue chaque jour. Quand on navigue au milieu des mers du Sud, à 25 000 miles du port le plus proche, on saisit ce qu'est l'idée d'être en ressources limitées. Après mon dernier tour du monde, j'ai réalisé que l'économie mondiale, c'était la même chose. Nous avons des ressources finies et nous les dilapidons. Notre modèle économique les dilapide. Nous jetons nos ressources à la poubelle[5]. »

Ellen arrête là sa carrière et lance une fondation à son nom dans le but d'inciter le public et les entreprises à repenser, concevoir et construire un avenir durable en s'appuyant sur le concept d'économie circulaire, un modèle alternatif à celui, actuel, qui peut se résumer par le triptyque suivant : extraire, fabriquer, jeter. Pour défendre ses idées, elle finance des rapports, des études ainsi que des colloques de sensibilisation et de réflexion. Elle donne de sa personne, intervient en public dans nombre d'universités, d'entreprises ou d'institutions. Chantre de l'économie circulaire, elle ne manque pas de promouvoir une autre manière de penser qui doit rompre avec le schéma habituel et ainsi découpler la croissance économique de l'épuisement des ressources naturelles via la création de produits, services, modèles d'affaires et de politiques publiques innovants. « Tout est absolument possible ! » aime-t-elle à marteler pendant ses conférences, convaincue que nous pouvons encore agir pour construire un monde durable et vivable. Face aux plus sceptiques, elle n'hésite jamais à dégainer la métaphore maritime : « Notre navire souffre d'un défaut de structure. Plutôt que de colmater les brèches sur un bateau en train de couler, ne devrions-nous pas tenter d'en construire un autre, capable de voguer pour l'éternité[6] ? »

LA COURSE AU LARGE LA PLUS TRAGIQUE DE L'HISTOIRE

La Fastnet Race 1979 est marquée par une terrible tempête qui engendre des dégâts considérables. Le bilan est dramatique, l'expérience traumatisante. Cette vingt-huitième édition aura des conséquences importantes en termes de sécurité et de formation des équipages.

Texte Olivier Bourbon

Fasnet Race, vingt-huitième édition

Cowes-Fastnet-Plymouth

605 milles

303 bateaux au départ

86 bateaux à l'arrivée

CLASSEMENT :

1. *Tenacious* (skipper : Ted Turner)
2. *Condor of Bermuda* (skipper : Robert Bell)
3. *Kialoa* (skipper : J. B. Kilroy)

Des vents de 60 nœuds, des vagues de 10 mètres

Le départ de la Fastnet Race 1979 est donné le 11 août à Cowes. Durant les briefings précédant la course, une dépression est évoquée, mais rien de très méchant sur le papier. Les équipages partent avec une météo parfaite qui permet de sortir de la Manche rapidement. Ce début de course est trompeur. C'est durant la deuxième nuit qu'une très violente dépression rattrape la flotte. À bord des bateaux, les baromètres dégringolent à vue d'œil. Le vent passe la barre des 55-60 nœuds, avec des vagues de 10 à 11 mètres, dans des zones dangereuses. Pris dans la tempête dans une nuit noire, les marins souffrent et, comme on peut malheureusement s'y attendre, les dégâts humains et matériels sont considérables.

Quinze décès, des voiliers abandonnés, des centaines d'appels de détresse et quatre mille personnes mobilisées

La flotte est décimée par les déferlantes entre Land's End (pointe sud-ouest de l'Angleterre) et le rocher du Fastnet. Les chavirages, démâtages, voies d'eau et évacuations sont innombrables. Quinze marins payent de leur vie la furie des éléments. Des centaines d'appels de détresse sont passés et des radeaux de survie peu adaptés sont déployés. Au total, plus de quatre mille personnes se mobilisent, permettant de secourir cent trente-neuf marins en détresse, dont quatre-vingt-dix-sept par hélicoptère. Dans un tel contexte de survie, finir l'épreuve relève de l'exploit. Sur les trois cent trois équipages au départ, seulement quatre-vingt-six parviendront à rallier Plymouth.

« Tant qu'un peuple veut aller en mer, il ne s'agit pas de lui interdire. Sinon, il n'y aurait plus d'Anglais »

Cette Fastnet Race 1979 est un véritable traumatisme. Dans un premier temps, la polémique est étouffée par le responsable britannique des opérations de sauvetage qui prononce des paroles très fermes : « Tant qu'un peuple veut aller en mer, il ne s'agit pas de lui interdire. Sinon, il n'y aurait plus d'Anglais. » Pourtant, d'importantes leçons seront tirées de cette vingt-huitième édition, en termes de moyens de communication embarqués, de fiabilité du matériel de sécurité, de compétences des équipages… Depuis, les organisateurs du RORC (Royal Ocean Racing Club) ont considérablement durci les règles de sécurité imposées aux participants, et il faut désormais montrer patte blanche pour prendre le départ de la Fastnet Race.

La Fastnet Race le prouve : la difficulté d'une course au large n'est pas proportionnelle à sa longueur. Ses 605 milles en Manche et en mer Celtique en font l'une des épreuves nautiques les plus éprouvantes et les plus dangereuses.

TAQUET

« être au taquet », « rouler au taquet », « tourner sa langue au taquet »

En bois ou en métal, fixés à différents endroits du navire, pourvus de deux oreilles, ou cornes, les taquets servent à fixer en le tournant un cordage (manœuvre, en langage maritime) ou une amarre. L'idée d'être serré à bloc est liée à cette pièce d'accastillage – il existe d'ailleurs spécifiquement des taquets appelés « coinceurs ».
« Être au taquet », c'est donc être à bloc, au maximum de ses possibilités. Un autre sens s'est répandu : être motivé, préparé. On peut se demander si dans ce dernier sens, il n'y a pas eu contamination avec « être dans les starting-blocks ».
« Rouler au taquet », expression employée surtout par les motards, c'est rouler vite, à fond.
En langage maritime, « tourner sa langue au taquet », c'est se taire.

VOILE

« mettre les voiles », « avoir du vent dans les voiles », « naviguer toutes voiles dehors », « faire voile », « bander ses voiles », « être à voile et à vapeur »

« Mettre les voiles » : on hisse les voiles pour appareiller, quitter le port ; partir. À ce simple sens peut s'ajouter une connotation de discrétion : c'est alors s'éclipser, voire partir précipitamment pour éviter quelques ennuis…
« Avoir du vent dans les voiles », c'est être ivre. Lorsqu'un voilier remonte face au vent, il tire des bords, il n'avance donc pas droit. L'autre explication, pour qualifier le même phénomène, est que sous le vent, un voilier avance penché. Deux explications donc, entre lesquelles le lecteur pourra louvoyer tel le sujet de l'expression.
« Naviguer toutes voiles dehors », c'est naviguer en hissant toutes les voiles pour atteindre une grande vitesse. Au figuré, cela sera avancer avec ostentation, en majesté, voire avec suffisance ou dans le but d'obtenir une réussite à la hauteur des moyens employés. « Vraiment, elle met toutes voiles dehors pour plaire », écrit Stendhal dans *Le Rouge et le Noir* à propos du triomphe au bal de Mlle de La Mole.
« Faire voile », c'est faire route. On dira : « Faire voile vers l'Angleterre, le Japon. »
« Bander ses voiles » : Philibert-Joseph Le Roux le donne dans son dictionnaire burlesque pour « s'enfuir de peur d'être arrêté ».
« Être à voile et à vapeur » : les premiers navires à vapeur exploités conservaient des voiles. Ils pouvaient marcher selon l'un ou l'autre moyen de propulsion. Le *Great Eastern*, lancé en 1858, avait cinq cheminées et six mâts. Caractère ambigu, donc, de ces navires, que l'expression « être à voile et à vapeur » a repris à son compte pour finir par désigner la bisexualité.

LES PRINCIPAUX CONSTRUCTEURS DE VOILIERS

La France est le deuxième constructeur mondial de bateaux de plaisance et occupe le premier rang pour les voiliers. Quelques chantiers fournissent une part notable du nombre de navires construits. Si certains sont nés avec la plaisance, d'autres puisent leur origine dans la construction de navires professionnels. Les plus importants sont situés en Vendée et en Charente-Maritime.

Le First 375 de chez Bénéteau, sous spinnaker.

Le monocoque de compétition Bénéteau, Océanis 523.

JEANNEAU/BÉNÉTEAU

Le chantier Bénéteau, fondé en 1884 à Croix-de-Vie, aujourd'hui Saint-Gilles-Croix-de-Vie, en Vendée, a d'abord construit des chalutiers à voiles, puis un premier bateau de pêche à moteur, baptisé face aux dénigrements des pêcheurs « le vainqueur des jaloux ». L'ouverture à la plaisance s'est faite dans les années 1960 avec André Bénéteau qui développa le concept de pêche-promenade promis à un grand succès, et introduisit le polyester dans les matériaux de construction. Le succès de la série de voiliers First à partir de 1977, puis de la gamme des Océanis, a propulsé le groupe Bénéteau au premier rang des constructeurs, place que conforta le rachat en 1995 de l'autre grand chantier vendéen, Jeanneau, fondé en 1957 par Henry Jeanneau. Chantier vendéen indépendant, Alubat, se distingue par ses voiliers « 100 % aluminium », dont la série des Ovni. Mille six cents unités ont été lancées depuis la création du chantier en 1973.

L'Arpège de chez Dufour.

FOUNTAINE PAJOT/DUFOUR

Le chantier Dufour, fondé à La Rochelle en 1964 par Michel Dufour, construit des monocoques de 10 à 19 mètres et a connu un grand succès avec l'*Arpège*, voilier de 9 mètres destiné à la croisière côtière et construit à plus de mille cent exemplaires de 1966 à 1975. Dufour a racheté en 1996 un autre constructeur charentais, Gibert Marine, célèbre pour ses Gib'Sea, avant d'être repris lui-même par la société Fountaine Pajot, fondée à La Rochelle par deux anciens skippers, Jean-François Fountaine et Yves Pajot. Fountaine Pajot est essentiellement un constructeur de catamarans.

Le principal concurrent des chantiers français est le constructeur allemand Bavaria, fondé en 1978.

AMEL ET RM YACHTS

Autre chantier rochelais, Amel fabrique des voiliers de croisière haut de gamme renommés pour leur fiabilité. Plus récent, RM Yachts, spécialisé dans la construction de voiliers en contreplaqué époxy de 9 à 14 mètres, est installé à Périgny, près de La Rochelle.

Les salons nautiques

Depuis la disparition du Salon nautique de Paris après l'édition de 2022, le Grand Pavois de La Rochelle, qui se tient chaque année fin septembre ou début octobre, est devenu le plus important salon de la plaisance en France, avec entre soixante-dix et quatre-vingt mille visiteurs. Sa première édition eut lieu en 1973. Près de sept cent cinquante navires sont exposés, dont trois cens à flot, ce qui permet des essais en mer. Le premier président de l'association du Grand Pavois fut Henri Tonet, dit Amel, fondateur des chantiers rochelais du même nom. Le Grand Pavois a une dominante « voile », alors que le Salon de Cannes (Cannes Yachting Festival) est davantage axé, mais pas exclusivement, sur le motonautisme. Il présente chaque mois de septembre environ sept cents bateaux. C'est le deuxième salon français par son importance avec ses cinquante-cinq mille visiteurs. Autre salon à flot, au printemps celui-là, Les Nauticales de La Ciotat, qui sont en plein essor, tout comme Les Nautiques de Port-Camargue, salon du neuf et de l'occasion qui se déroule le week-end de Pâques. Dans la même région se tient en avril, plus confidentiel, le Salon des multicoques de La Grande-Motte. Côté occasion, le plus important est le salon Mille Sabords, qui s'installe tous les ans à la Toussaint au port du Crouesty, à Arzon, dans le Morbihan. Il s'est ouvert au neuf récemment.

Au salon de Paris devrait succéder au printemps 2025 le Nautic en Seine, à terre et à flot, à Boulogne-Billancourt, dans la proche banlieue parisienne.
En Europe, les salons les plus notables sont ceux de Düsseldorf, le plus grand salon mondial indoor, Gênes, Southampton et Barcelone.

La fabrication de cordage de chanvre s'effectue en trois étapes : le peignage, qui nettoie et démêle le chanvre ; le filage, qui transforme les brins de chanvre en fils, appelés « fils de caret » (le caret est le nom du touret ou du dévidoir du cordier) ; et le commettage, l'assemblage des fils de caret par torsion. Deux fils de caret assemblés donnent un bitord, trois un merlin, un nombre plus important un toron. Trois torons donnent une aussière et trois aussières un câble. Ces différents termes désignent donc diverses épaisseurs de cordages qui trouveront chacun leur utilité à bord.

LES CORDERIES

Qui dit voilier dit cordage et qui dit cordage dit corderie.

Leur origine

La volonté de Louis XIV de développer une puissante marine de guerre eut pour corollaire la création des imposantes corderies royales au XVIIe siècle dans les arsenaux de Toulon, Rochefort et Brest. La présence de bagnes dans ces mêmes villes permettait de recourir à une main-d'œuvre peu coûteuse (à Toulon, la moitié des ouvriers de la corderie était des bagnards, l'autre moitié étant composée d'ouvriers spécialisés). La corderie de Lorient répondait aux besoins de la Compagnie des Indes. À Nantes, une corderie d'abord familiale destinant sa production aux navires marchands devint manufacture royale avant de disparaître dans un incendie autour de 1800.

Les cordages traditionnels se fabriquaient à partir du chanvre. Celui venant du nord de l'Europe, et notamment de Russie via Riga, était particulièrement apprécié. Mais comme il était également cultivé en France, comme en Bretagne dans le Trégorrois, une éphémère corderie royale fut créée à Lannion à la fin du XVIIIe siècle.

Une question de longueur

Comme certains cordages doivent atteindre la longueur d'une encablure (un peu moins de 200 mètres) et nécessitent donc de torsader des fils de 300 mètres, les ateliers de commettage s'étendent en longueur, ce qui explique l'architecture particulière des corderies : des bâtiments bas, rectangulaires et de grande longueur. La corderie de Rochefort mesure 374 mètres de long, celle de Toulon 402 mètres, et celle de Lorient mesurait 300 mètres. En revanche, elles sont étroites : 8 mètres de largeur pour le bâtiment de Rochefort.

Les corderies au fil de l'histoire

Les corderies des arsenaux fermèrent progressivement dans la seconde moitié du XIXe siècle devant le développement de la navigation à vapeur, particulièrement marqué dans les marines de guerre. Les deux plus importantes qui subsistent sont celle de l'arsenal de Toulon, qui abrite aujourd'hui le Service historique de la Défense, et celle de Rochefort, devenue musée.

La corderie royale de Rochefort, en activité jusqu'en 1867, servit ensuite à plusieurs usages militaires jusqu'à son incendie en 1944. Envahie par la végétation, la toiture effondrée, elle fut sauvée dans les années 1960 et classée monument historique. Elle se caractérise par l'élégance de son architecture classique, due à François Blondel, et à sa toiture mêlant tuiles et ardoises. Sa visite permet de suivre le travail de fabrication des cordages, de la matière première au produit fini. Dans le reste du bâtiment se trouvent une salle d'exposition temporaire, le siège du Conservatoire du littoral et la médiathèque municipale.

Il existe encore en France une corderie traditionnelle « au long », dans un bâtiment de 280 mètres proposant des cordages de chanvre : la corderie Palus. Fondée en 1908 et située à Saint-Pantaléon-de-Larche en Corrèze, elle « fabrique de cordages en fils mécanique et à la main » et fournit aussi bien des cordages pour vieux gréements que pour la décoration intérieure, le sport (de nombreux agrès utilisent des cordes) ou des ficelles en sisal.

VOILIERS TRADITIONNELS DE PÊCHE OU DE TRAVAIL

Restaurés, ces anciens voiliers professionnels connaissent une nouvelle vie en plaisance et en navigation touristique grâce à des associations de passionnés proposant des sorties en mer.

Deux sinagos.

Tartane à voile latine.

LES SINAGOS

Les sinagos (ou sinagots) sont des voiliers traditionnels qui étaient utilisés pour la pêche dans le golfe du Morbihan. Ils sont originaires de la commune de Séné, dont les habitants se nomment les Sinagots. D'une dizaine de mètres de long, assez larges, ils se reconnaissent à leur coque noire et à leur gréement de deux voiles au tiers de couleur ocre-rouge. On en comptait près de cent cinquante à la fin du XIXe siècle.

Les Trois Frères, construit pour la pêche en 1943 et exploité jusqu'en 1952, est le dernier sinago d'origine qui navigue encore. Il a été classé monument historique en 1985. L'association Les Amis du sinagot et le regain d'intérêt pour les vieux gréements ont permis de sauvegarder ce type de navire. Plusieurs répliques ont été construites, dont le *Mab er Guip* et le *Crialeïs* ; ce dernier est une copie du *Jouet des flots* de 1930.

Les sinagos sont une des attractions de la Semaine du golfe, organisée tous les deux ans pendant la semaine de l'Ascension.

LES TARTANES

Voiliers traditionnels méditerranéens, les tartanes étaient employées pour le transport de matériaux et pour la pêche. Elles étaient nombreuses dans la région marseillaise, assurant le transport de tuiles entre l'Estaque et le Vieux Port. L'Estaque fut en effet jusque dans les années 1960 un centre de production de tuiles, de briques, de carreaux (les malons) et de tomettes. Les tartanes, dites tartanes malonnières à cause des carreaux de terre qui leur servaient de lest, motorisées au début du XXe siècle, s'effacèrent peu à peu devant le transport routier.

Un chantier de Martigues a reconstruit une tartane, *La Flâneuse*, mise à l'eau en 1992. D'une longueur de 18,50 mètres hors tout pour 4,5 mètres de large, elle est pourvue d'un gréement aurique. Elle sert de voilier-école pour l'apprentissage de la voile traditionnelle. Des sorties en mer sont également proposées avec embarquement à Marseille.

LES BOUTRES

Voiliers traditionnels de l'océan Indien et de la mer Rouge, les boutres sont destinés au cabotage et au transport des marchandises. Ils sont robustes, larges, d'un faible tirant d'eau et d'une longueur comprise entre 8 et 30 mètres. Ils peuvent avoir une poupe carrée ou pointue et un ou plusieurs mâts portant une voile trapézoïdale rappelant la voile latine. D'origine arabe, ils restent répandus sur la côte orientale de l'Afrique et à Madagascar. Beaucoup ont disparu dans la seconde moitié du XXe siècle au profit de navires à moteur. Le même mot désigne ainsi de petits cargos en bois motorisés.
Une activité touristique de sortie en mer et de croisière s'est développée à partir des boutres, notamment à Madagascar.

LES PINASSES

La pinasse est un navire traditionnel en bois de pin du bassin d'Arcachon, mue à l'origine à la voile. Longue, étroite, à fond plat et relevée à l'avant, elle se signale par sa ligne élégante. D'une taille de six à neuf mètres, elle était utilisée pour l'ostréiculture avant d'être remplacée par les plates, barges à fond plat. Si les plus petites ne sortaient guère du bassin, les plus grandes, au-delà de dix mètres, dites « pinasses côtières », pêchaient la sardine le long du littoral de Gascogne où elles pratiquaient également la pêche à la senne, pêche où le filet encercle le banc de poissons. La première pinasse motorisée fut mise à l'eau en 1903 par Albert Couach, fondateur du chantier du même nom. Dès lors le nombre de pinasses à voile diminua. Les pinasses sont aujourd'hui utilisées en plaisance. Des régates de pinasses à voile sont organisées tous les ans sur le bassin d'Arcachon.

Origine du mot

« TRIMARAN »

Le terme « catamaran », du mot tamoul *kattu-maram* composé de *kattu* (« lier ») et *maram* (« bois »), désigne un radeau composé de deux flotteurs parallèles. Il a été utilisé pour la première fois par le navigateur anglais William Dampier dans le récit de ses voyages, publié à la fin du XVIIe siècle. Le terme « catamaron » se rencontre parfois, ainsi que « catimaron ». C'est sous ce dernier vocable qu'est placée l'entrée le concernant dans le *Dictionnaire de la marine française, avec figures* de Charles Romme dans l'édition de 1813 avec cette définition : « Espèce de radeau, en usage pour la pêche, sur les côtes de Malabar et de Coromandel. »

Lorsque apparurent les navires à trois coques, le terme « trimaran » s'est imposé à l'esprit. Ce mot est une véritable curiosité linguistique puisqu'il conserve une partie du mot tamoul… précédé d'un élément provenant du latin !

LA VOILE DANS L'ANTIQUITÉ

Des bas-reliefs, mosaïques, fresques, vases, monnaies, quelques récits de voyage, puis l'exploration d'épaves par des plongeurs, ont permis aux historiens de se représenter assez précisément la navigation dans l'Antiquité.

Les galères avaient des voiles

Hollywood aidant, l'image de la galère est souvent la première qui vient à l'esprit lorsque l'on songe aux navires antiques. Il ne faut toutefois pas oublier que les galères, outre le ou les rangs de rameurs, possédaient une grande voile carrée sur leur mât - les voiles latines ne se sont répandues en Méditerranée qu'à la toute fin de l'Antiquité. Certaines avaient même un second mât, situé à l'avant, avec une voile plus petite, comme le montre l'*Olympias*, la reconstitution d'une trière antique mise à l'eau en Grèce en 1987. Les galères étaient soit militaires soit marchandes.

Des navires marchands à voile

D'autres navires de commerce étaient en revanche de purs voiliers, à un ou deux mâts, avec des vergues orientables selon la direction du vent et deux gouvernails latéraux sous forme de rame de chaque côté de la poupe, l'Antiquité ne connaissant pas le gouvernail d'étambot, apparu en Baltique au Moyen Âge. Une mosaïque d'Ostie représente un trois-mâts, mais ce type de navire semble avoir été exceptionnel.

Kyrenia II, réplique d'un voilier antique

En 1965, une épave antique fut découverte au large du port de Kyrenia, situé sur la côte nord de Chypre, occupée aujourd'hui par la Turquie. Les fouilles entreprises en 1968-1969 permirent de mieux connaître l'épave. Il s'agissait d'un petit voilier de commerce datant du IVe siècle avant Jésus-Christ. De 14,50 mètres de long pour 4 de large, il était construit en pin d'Alep avec des chevilles et des tenons en chêne. Lors de son naufrage, dû probablement à une attaque de pirates, il transportait du vin et des amandes. Des meules à grain servaient de lest. L'équipage comportait quatre marins, plusieurs objets de vie courante ayant été trouvés en quatre exemplaires. L'état de conservation de la coque était suffisamment bon pour que les plans du navire, désormais nommé *Kyrenia*, puissent être dressés.

Ils permirent la construction selon les méthodes antiques d'une réplique, le *Kyrenia II*, de 1982 à 1985. En 1986, *Kyrenia II* quitta Le Pirée pour Rhodes, puis Chypre, effectuant le retour l'année suivante ; voyage pendant lequel il fit montre de bonnes qualités nautiques, affrontant même une tempête. Sa vitesse moyenne atteignit 5 à 6 nœuds par vent favorable.

QUI ÉTAIENT BEAUFORT ET DOUGLAS ?

L'échelle de Beaufort indique la vitesse moyenne du vent hors les rafales. Elle s'échelonne de 0 (calme) à 12 (ouragan). Elle est à considérer en relation avec l'échelle de Douglas, qui donne l'état de la mer, de 0 (calme) à 9 (énorme).

Francis Beaufort (1774-1857) était un hydrographe, cartographe et amiral britannique. Il mit son échelle au point en 1805. Il œuvra pour l'établissement d'une cartographie précise. Via la Royal Geographical Society, il soutint de nombreux voyages d'exploration. Une partie de l'océan Arctique, la mer de Beaufort, a été ainsi nommée en hommage à ses travaux.

Quant à Henry Percy Douglas (1876-1939), il fut également hydrographe de la Royal Navy et finit sa carrière en tant que vice-amiral. Son échelle date des années 1920.

Échelle de Beaufort.

Force	**Termes descriptifs**	**Vitesse moyenne**		**Aspect de la mer**
		en nœuds	**en km/h**	
0	Calme	< 1	< 1	Comme un miroir
1	Très légère brise	1 - 3	1 - 5	Quelques rides
2	Légère brise	4 - 6	6 - 11	Vaguelettes ne déferlant pas
3	Petite brise	7 - 10	12 - 19	Les moutons apparaissent
4	Jolie brise	11 - 16	20 - 28	Petites vagues, nombreux moutons
5	Bonne brise	17 - 21	29 - 38	Vagues modérées, moutons, embruns
6	Vent frais	22 - 27	39 - 49	Lames, crêtes d'écume blanche, embruns
7	Grand frais	28 - 33	50 - 61	Lames déferlantes, traînées d'écume
8	Coup de vent	34 - 40	62 - 74	Tourbillons d'écume à la crête des lames, traînées d'écume
9	Fort coup de vent	41 - 47	75 - 88	Lames déferlantes, grosses à énormes, visibilité réduite par les embruns
10	Tempête	48 - 55	89 - 102	
11	Violente tempête	56 - 63	103 - 117	
12	Ouragan	> 64	> 118	

État de la mer.

Force	**Termes descriptifs**	**Hauteur des vagues (en mètres)**
0	Calme (sans rides)	0
1	Calme (ridée)	0 à 0,1
2	Belle (vaguelettes)	0,1 à 0,5
3	Peu agitée	0,5 à 1,25
4	Agitée	1,25 à 2,5
5	Forte	2,5 à 4
6	Très forte	4 à 6
7	Grosse	6 à 9
8	Très grosse	9 à 14
9	Énorme	Dépassant 14

UN BOUQUET D'ACRONYMES MARITIMES

Comme en bien d'autres milieux, les acronymes fleurissent dans le monde maritime. Voici développés, quelques-uns de ces vilains mots que le plaisancier peut rencontrer.

CROSS

Centres régionaux opérationnels de surveillance et de sauvetage. Ils coordonnent les opérations de recherche et de sauvetage en mer. Ils surveillent également la navigation maritime, en particulier le respect du dispositif de séparation du trafic dans la Manche, et recueillent les informations sur les pollutions marines.

CRR

Certificat restreint de radiotéléphoniste.
Il est délivré par l'ANFR (Agence nationale des fréquences).

DML

Délégation à la mer et au littoral.
Ce sont les anciens services des Affaires maritimes, aujourd'hui intégrés aux DDTM (Directions départementales des territoires de la mer).

MMSI

Le MMSI (Maritime Mobile Service Identity)
est un code à neuf chiffres attribué par l'ANFR aux navires pourvus d'équipements radios tels que, pour les plaisanciers, la VHF ASN (VHF avec appel sélectif numérique. « DSC », en anglais). Il permet d'identifier automatiquement le navire en cas de signal de détresse.

RIPAM

Règlement international pour prévenir les abordages en mer (« Colreg », selon l'appellation internationale).
Il définit les règles de barre et de route que les navires doivent adopter entre eux, les feux et les marques qui les distinguent, les signaux sonores qu'ils utilisent pour communiquer.

SHOM

Service hydrographique et océanographique de la Marine nationale (cartographie, éditions de documents et d'ouvrages).

SMDSM

Système mondial de détresse et de sécurité en mer.

SNSM

Société nationale de sauvetage en mer.

WIN

Watercraft Identification Number. Il s'agit du numéro de coque d'un navire de plaisance, anciennement CIN (Craft Identification Number) et HIN (Hull Identification Number). Il est donné par le constructeur.

Autour de la réglementation

Si la mer est, selon l'expression consacrée, « un espace de liberté », il n'en est pas moins vrai qu'il est indispensable de connaître quelques règles administratives, ne serait-ce que pour ne pas avoir de mauvaises surprises après l'achat d'un voilier, qu'il soit neuf ou d'occasion.

Construire son propre voilier

Construire soi-même son voilier, que ce soit d'après des plans achetés ou d'après ses propres plans, est tout à fait autorisé. La réglementation applicable à la « construction amateur » pose deux limites :

– ce doit être pour l'utilisation privée de celui qui le construit ;

– il n'est pas possible de vendre, même en copropriété, le navire pendant cinq ans.

Le référentiel technique que doit suivre le constructeur est la division 245, le texte officiel sur la sécurité des navires, consultable sur le site Internet du ministère chargé de la mer. Le constructeur amateur doit conserver le dossier technique du navire pendant dix années : il peut lui être demandé par l'administration, ainsi que les factures d'achat de matériaux.

Lors de l'immatriculation de son navire, le constructeur remplit une déclaration de conformité stipulant qu'il a bien respecté les exigences de sécurité. Dans le cas d'un navire destiné à des navigations côtières dans des conditions correspondant aux catégories de conception C ou D (les bateaux de catégorie C sont conçus pour des vents qui peuvent aller jusqu'à la force 6 comprise et pour des vagues qui peuvent atteindre une hauteur significative de 2 mètres), le constructeur s'autocertifie. S'il a pour but de longs voyages où il peut rencontrer des forces de vent ou des vagues plus importantes, et donc correspondant aux catégories A ou B, il doit faire appel à un organisme spécialisé (dit organisme notifié) qui vérifiera la stabilité et la flottabilité du bateau. Environ trois cent cinquante bateaux de plaisance sont construits ainsi par an pour la mer et la rivière. Cela dit, mieux vaut ne pas voir trop grand : de nombreuses coques inachevées parsèment les jardins ; épaves d'un rêve abandonné…

Navires du patrimoine et navires traditionnels

Différencier navires du patrimoine et navires traditionnels peut paraître un exercice de sophiste, mais du point de vue de la réglementation, confondre les deux peut avoir des conséquences fiscales et d'ordre administratif qu'il vaut mieux connaître.

Le terme de « bateau traditionnel » correspond à une définition officielle. Il s'agit de « navires conçus avant 1950 (1965 pour les plus de 24 mètres), qu'il s'agisse de constructions d'époque en état ou restaurées ou de répliques neuves réalisées essentiellement avec des matériaux analogues à la conception originale ».

Ces navires et leurs répliques bénéficient de dispositions particulières pour leur approbation technique et leur mise en service : pour simplifier, ils ne sont pas soumis à la réglementation européenne mais relèvent de la réglementation de chaque pays. Il ne faut pas les confondre avec les Bateaux d'intérêt patrimonial (BIP), même si de fait, un bateau traditionnel bien entretenu a de fortes chances d'être reconnu d'intérêt patrimonial.

Le label BIP est décerné depuis 2008 par la fondation pour le Patrimoine maritime et fluvial, présidée par Gérard d'Aboville et qui a pour but d'inventorier, de sauvegarder et de promouvoir le patrimoine nautique. Ce ne sont pas seulement les bateaux anciens, d'avant 1950, qui peuvent bénéficier de ce label : un bateau plus récent peut être labellisé à cause d'événements auxquels il a participé, d'innovations techniques marquantes pour son époque et représentatives de son architecte, voire son nombre restreint d'exemplaires. Le label est valable pour cinq années renouvelables. Il permet d'être dispensé du droit annuel de francisation.

Plus de mille six cent cinquante bateaux ont le label BIP aujourd'hui. La liste comporte des navires célèbres comme le *Joshua* de Bernard Moitessier, mais aussi l'*Aile VI*, voilier de régate datant de 1927 avec lequel Virginie Hériot remporta une médaille d'or aux Jeux olympiques d'Amsterdam en 1928 ou *Arion III*, premier Requin produit en France. Des navires expérimentaux tel l'*Alcyone* de 1985 et ses turbovoiles en aluminium figurent sur la liste, ainsi que de plus modestes embarcations comme les pointus méditerranéens.

Combien y a-t-il de voiliers en France ?

Sur un total dépassant le million de navires de plaisance immatriculés auprès des affaires maritimes, les voiliers représentent un peu plus de 200 000 unités. La plupart sont de petite taille : près de 100 000 ont moins de 6 mètres de long et 90 000 ont une longueur comprise entre 6 et 12 mètres. 70 000 voiliers sont immatriculés en Bretagne, ce qui en fait la première région pour la voile. (Source : statistiques annuelles du ministère chargé de la mer)

On est assez loin des clichés : la flotte de plaisance est pour sa majeure part composée de navires à moteur de taille modeste. Les grosses unités, tant en voile qu'en motonautisme sont l'exception.

Les voiliers sont-ils immatriculés ?

C'est une question qui vient souvent à l'esprit du vacancier qui se promène près d'un port de plaisance et qui constate que les navires à moteur portent en lettres capitales un numéro d'immatriculation sur leur coque ou leur cabine alors que les voiliers ont simplement à la poupe le nom ou les initiales d'un port d'attache et leur nom. En fait, les voiliers, dès qu'ils font plus de 2,50 mètres (limite ridiculement basse !) sont immatriculés, tout comme les navires à moteur, mais sont dispensés par la réglementation de mettre le numéro sur leur coque. Le numéro d'immatriculation doit toutefois être inscrit de manière visible, près du poste de pilotage ou dans le cockpit en caractères de 1 centimètre de haut.

Que le navire soit à voile ou à moteur, le numéro d'immatriculation est composé de la même manière : deux lettres, qui correspondent au service d'immatriculation, anciennement quartier des affaires maritimes, (par exemple, DP pour Dieppe, SM pour Saint-Malo, TL pour Toulon…), suivies soit de six chiffres, soit, pour les plus récents, d'une lettre et de cinq chiffres. Le plaisancier a le choix du lieu d'immatriculation et peut le changer. Le numéro proprement dit est national et suit toute l'existence du navire.

Autour de la réglementation

Voici la liste officielle des initiales :

Ajaccio	AJ
Arcachon	AC
Audierne	AD
Auray	AY
Bastia	BI
Bayonne	BA
Bordeaux	BX
Boulogne-sur-Mer	BL
Brest	BR
Caen	CN
Camaret	CM
Cherbourg	CH
Concarneau	CC
Dieppe	DP
Douarnenez	DZ
Dunkerque	DK
Fécamp	FC
La Rochelle	LR
Le Guilvinec	GV
Le Havre	LH
Les Sables-d'Olonne	LS
Lorient	LO
Marennes	MN
Marseille	MA
Martigues	MT
Morlaix	MX
Nantes	NA
Nice	NI
Noirmoutier	NO
Oléron	IO
Paimpol	PL
Port-Vendres	PV
Rouen	RO
Saint-Brieuc	SB
Saint-Malo	SM
Saint-Nazaire	SN
Sète	ST
Toulon	TL
Vannes	VA
Yeu	YE

Cayenne	CY
Dzaoudzi	DI
Fort-de-France	FF
La Réunion	RU
Pointe-à-Pitre	PP
Saint-Barthélemy	BY

Saint-Martin	SW
Saint-Pierre-et-Miquelon	SP

Acheter un voilier neuf

Depuis 1998, tous les navires neufs de 2,5 à 24 mètres mis sur le marché européen répondent aux mêmes normes techniques et font l'objet du marquage obligatoire dit « marquage CE ». Lorsque vous achetez un navire neuf en France ou dans un autre pays européen, le vendeur est tenu de vous remettre un document appelé déclaration de conformité (DEC) qui atteste de sa conformité. Ces navires sont pourvus d'une catégorie de conception (A, B, C, D) qui témoigne de son aptitude à affronter des conditions météorologiques données caractérisées par la force du vent et la hauteur des vagues. Choisir un navire ayant la catégorie de conception correspondant aux navigations envisagées est donc primordial : c'est une erreur dangereuse que d'acheter un voilier en catégorie de conception D, prévue pour des plans d'eau très calmes et les rivières, si vous envisagez de traverser la Manche ! Ces catégories sont mentionnées sur la DEC ainsi que sur la plaque constructeur apposée sur le navire. La DEC et la plaque constructeur portent aussi le nombre de personnes maximum recommandé que vous pourrez embarquer en toute sécurité.

On ne peut que déconseiller l'achat d'un voilier neuf dans un pays non membre de l'Union européenne. En effet, le navire risque fort de ne pas être marqué « CE » et il vous faudra faire appel à un organisme spécialisé, dit « organisme notifié », qui vérifiera sa conformité technique. Cette démarche peut s'avérer coûteuse en fonction de la longueur du navire et réserver de mauvaises surprises génératrices de frais supplémentaires.

Acheter un voilier d'occasion

Il y a bien sûr en préalable la vérification technique de l'état du navire : faces internes de la coque, intégrité des liaisons structurelles, état de l'installation électrique, du gréement, des voiles. Examiner le navire à sec permet l'inspection visuelle de la coque extérieure, de détecter la présence d'osmose (cloques) et d'examiner la liaison quille/coque. En cas de doute, ou systématiquement sur un navire d'un certain prix, ne pas hésiter à faire appel à un expert maritime pour la visite.

Acheter en France

Pour les formalités d'achat proprement dit, s'il s'agit d'un navire sous pavillon français, un seul conseil : ne pas acheter un navire qui n'est pas pourvu de son titre de navigation (carte d'immatriculation ou acte de francisation, certificat d'enregistrement depuis 2022) au nom de celui qui vous le vend. Acheter un bateau sans papiers, c'est comme acheter une voiture sans carte grise… et si les documents sont à un autre nom que le vendeur, rien de vous garantit que ce dernier en est le propriétaire ! De plus, le fait qu'il ait un titre de navigation prouve qu'il a été construit selon les normes de sécurité en vigueur au moment de sa mise sur le marché, que ce soit avant ou après 1998.

Lors d'une mutation de propriété entre particuliers, la démarche peut s'effectuer en ligne sur le site www.demarches-plaisance.gouv.fr. Le vendeur signale la vente, obtient un code qui permet à l'acheteur de mettre le navire à son nom et, une fois les pièces justificatives transmises et la transaction validée, d'imprimer son certificat d'enregistrement. En cas d'allergie à l'informatique ou de situation complexe, il est toujours possible de faire les démarches auprès des guichets des DML, par correspondance ou en se déplaçant.

C'est sur ce même site que vous pouvez signaler un changement de motorisation, de nom ou de port d'attache et, pour les navires concernés, les voiliers de plus de 7 mètres en l'occurrence, payer la taxe annuelle liée aux navires de plaisance (anciennement « droit de francisation »).

Autour de la réglementation

Acheter dans l'Union européenne

Si vous l'achetez dans un autre pays de l'Union européenne, les conseils sont les mêmes. Pour le mettre ensuite sous pavillon français, il vous faudra demander un certificat de radiation du pavillon du pays en question. Une difficulté peut surgir si vous achetez un voilier de petite taille, car certains pays n'immatriculent pas ces embarcations. Il faudra alors pouvoir prouver qu'il vient bien d'un pays de l'UE, grâce à sa facture initiale par exemple.
Comme pour le neuf, un seul conseil : ne pas acheter hors de l'UE ! En effet, comme le navire va entrer sur le marché de l'Union européenne quand vous allez le mettre sous pavillon français, il vous faudra faire appel à un organisme notifié, payant, qui vérifiera sa conformité technique. Mieux vaut ne se lancer dans ces démarches qu'en cas de coup de cœur irrépressible pour un modèle introuvable en Europe…
Il peut y avoir de rares exceptions, comme pour les navires dits traditionnels (construit ou conçus avant 1950) : pas besoin d'organisme notifié dans ce cas, mais il faut être en mesure de prouver l'ancienneté de la construction ou de la conception.

L'enregistrement du navire

Une particularité française est d'immatriculer quasiment tout ce qui flotte en mer dès 2,50 mètres de longueur, donc les voiliers. Une simplification a été introduite en 2022 : les démarches d'immatriculation et de francisation (cette dernière concernait les navires de plus de 7 mètres et/ou dont la puissance du moteur est de 22 CV administratifs ou plus) ont été fondues en une unique procédure d'enregistrement effectuée auprès de l'administration des Affaires maritimes. Une condition préalable à ne pas oublier : pour pouvoir être enregistré en France, un navire doit appartenir pour au moins 50 % à un ressortissant d'un des États membres de l'Union européenne.

Pour un navire neuf de série, le vendeur professionnel agréé peut effectuer pour le compte de son client les démarches en ligne sur un site dédié. Pour un navire qui ne serait pas marqué « CE » ou dont le vendeur n'est pas agréé, le plaisancier doit s'adresser aux Affaires maritimes, auprès de la délégation à la mer et au littoral (DML) de son choix.

La conavigation, appelée aussi cobaturage, qui s'effectue à titre privé et où les équipiers partagent uniquement les frais engagés, sans rémunération du skipper, reste du domaine de la plaisance.
Il faut en revanche être titulaire d'une qualification professionnelle maritime, et donc être marin professionnel, pour transporter des passagers payants (charter, croisière, sortie en mer) ou effectuer des convoyages de navires à titre rémunéré. L'un de ces titres est le Capitaine 200 voile. On est alors dans le domaine de la navigation professionnelle et non plus dans celui de la plaisance.

Faut-il un permis pour piloter un voilier de plaisance ?

Il n'y a pas de permis obligatoire en France pour piloter en mer un voilier de plaisance, même pourvu d'un moteur auxiliaire. Le permis mer (côtier ou hauturier) ne concerne que les navires à moteur d'une puissance supérieure à 4,5 kilowatts, soit 6 chevaux. C'est une particularité française ; dans les pays voisins, soit il n'y a aucun permis obligatoire, comme en Belgique, en Irlande ou dans le Royaume-Uni, soit le permis concerne tous les types de navires, comme en Italie ou en Espagne. Notons toutefois que dans les pays où il n'existe pas de permis obligatoire, des titres facultatifs sont délivrés par les clubs ou les associations nautiques.

Paradoxalement, vous n'aurez donc pas besoin de permis pour piloter votre voilier, mais il vous en faudra un pour piloter son annexe à moteur si sa puissance dépasse 4,5 kilowatts… Cela dit, posséder le permis n'est pas inutile : il vous permet d'utiliser la VHF dans les eaux françaises et vous sera indispensable si vous voulez louer un voilier dans bien des pays étrangers. De plus, son programme théorique comporte nombre de points qui s'appliquent aussi bien au motonautisme qu'à la voile et qu'il est nécessaire de connaître pour naviguer : connaissance du balisage, des feux et des marques de navires, du matériel de sécurité à embarquer, des procédures de secours, lecture de carte marine, etc.

L'enseignement de la voile dans les clubs et les associations relève d'un système de formation dépendant du ministère des Sports et de la fédération sportive délégataire (Fédération française de voile). Plusieurs niveaux de monitorats spécifiques à la voile et au nautisme existent, du CQP (Certificat de qualification professionnelle) au BPJEPS (Brevet professionnel de la jeunesse, de l'éducation populaire et du sport).

VENT

« avoir le vent en poupe », « avoir vent et marée », « aller dans le sens du vent », « aller, lutter contre vents et marées », « sentir venir le vent », « être dans le vent », « avoir le dessus du vent », « aller au gré du vent », « naviguer selon le vent », « pincer le vent », « être vent debout contre quelque chose »

« Avoir le vent en poupe » : le vent souffle de l'arrière du bateau et le pousse vers l'avant. Qui, au figuré, a le vent en poupe est favorisé par les circonstances ; la réussite s'offre à lui. Une équipe sportive, une théorie scientifique peuvent avoir le vent en poupe. L'expression, aujourd'hui peu usitée, « avoir vent et marée », c'est-à-dire avoir réuni toutes les circonstances favorables pour réussir, avait le même sens. Elle s'employait pour un navire qui était poussé à la fois par le vent et par la marée montante. Notons cependant que sur un voilier, ce n'est pas le vent arrière qui permet les meilleures performances mais les allures dites de travers ou largue, ce qui rend finalement paradoxale l'utilisation figurée de « avoir le vent en poupe ».

« Aller dans le sens du vent », c'est suivre le vent et, par extension, suivre l'opinion générale, le courant. Ne pas se distinguer par l'originalité de ses propos ou de ses pensées.

« Aller, lutter contre vents et marées », c'est lutter avec persévérance contre les obstacles, continuer vers son but malgré les difficultés, faire preuve de ténacité contre les éléments, et parfois contre l'opinion générale. L'expression peut s'employer au singulier comme le montre l'exemple donné par le *Littré*, tiré des *Lettres* de Mme de Sévigné : « Elle a établi son fils à la cour contre vent et marée. »

« Sentir venir le vent » : le marin d'expérience sent le changement météorologique proche. « Sentir venir le vent » permet d'anticiper les événements ; l'avisé ou l'opportuniste qui sent le vent tourner mais qui tient toujours à aller dans le sens du vent doit alors reconsidérer ses propos ou ses opinions.
« Être dans le vent » : au sens propre, être dans la direction du vent. Le sens a évolué au figuré vers être à la mode, être à la page. On parle d'un chanteur dans le vent.
« Avoir le dessus du vent » : cette expression qui signifiait « avoir l'avantage sur quelqu'un » n'est plus guère en usage. Au sens propre, gagner le dessus du vent consistait à se mettre au vent par rapport à un navire, à prendre sur lui l'avantage du vent, ce qui était une manœuvre importante lors des combats entre vaisseaux à voiles.
« Aller au gré du vent » : un navire vogue au gré du vent lorsqu'il n'est plus gouverné ; il est ainsi à la merci du vent. Aller au gré du vent, c'est s'en remettre au hasard et aux circonstances extérieures pour sa conduite.
« Naviguer selon le vent » est proche mais sous-entend également l'idée de s'accommoder aux circonstances, de faire de sa souplesse une ligne de conduite. « Selon le temps qu'il fait, l'homme doit naviguer. » (Mathurin Régnier, *Satires*.)
« Pincer le vent », pour un voilier, c'est aller au plus près du vent. L'expression ne s'est pas répandue hors du langage maritime.
« Être vent debout contre quelque chose » : « vent debout » qualifie une des allures marines. Un voilier est vent debout lorsqu'il est face au vent. Pour avancer, il faudra qu'il s'écarte du vent. Il devra louvoyer pour se diriger dans la direction d'où vient le vent. Un vent debout est donc un vent contraire, d'où l'expression « être vent debout contre quelque chose », qui signifie y être résolument opposé. Les buralistes sont ainsi vent debout contre le paquet de cigarettes neutre. Si l'on reste vent debout, la situation risque fort de ne pas évoluer : il faudra négocier pour avancer, louvoyer en bon diplomate.

Annexes

NŒUDS DE VOILE

Nœuds communs

Nœud de chaise

Nœud de cabestan

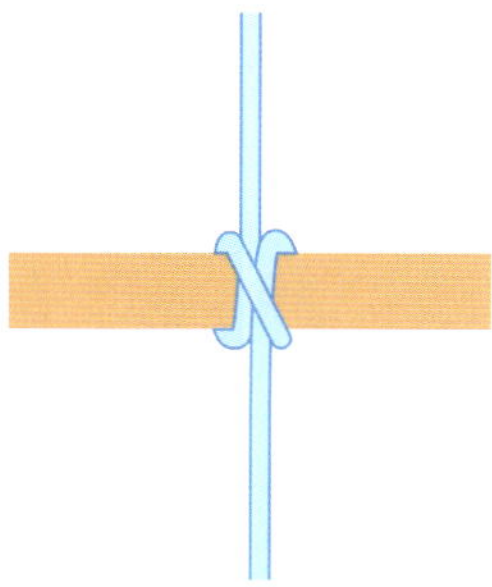

Tour mort et deux demi-clés

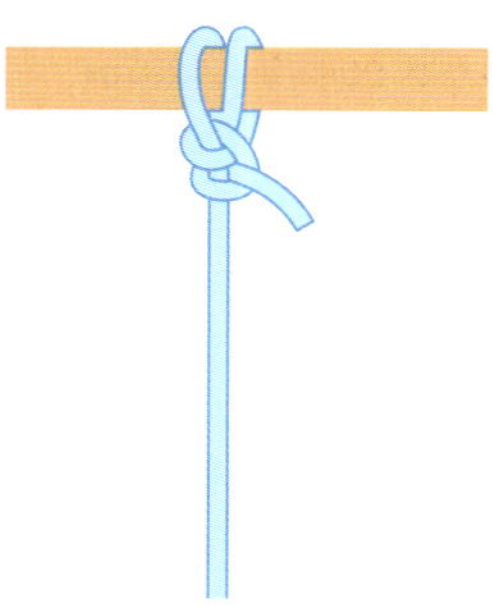

Variante : tour mort et deux demi-clés renversées

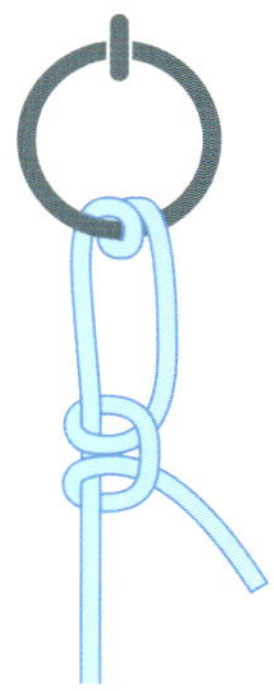

Nœud d'écoute simple

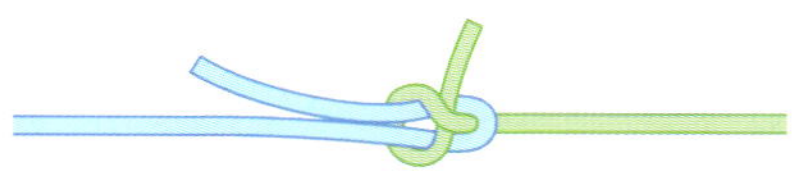

Nœud d'écoute double

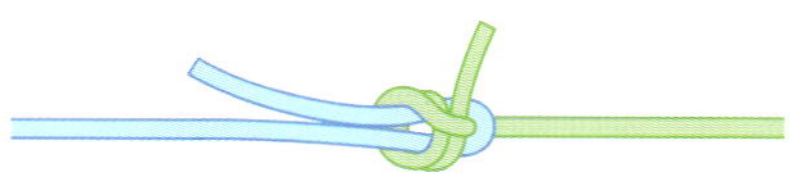

Nœud en huit

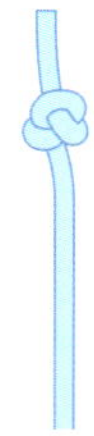

Nœud de drisse

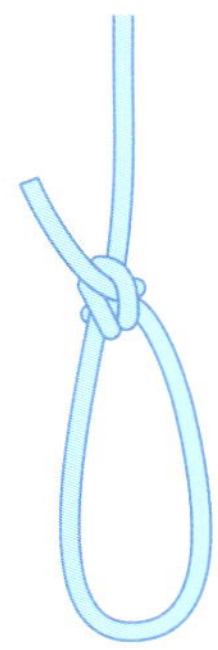

Tête d'alouette

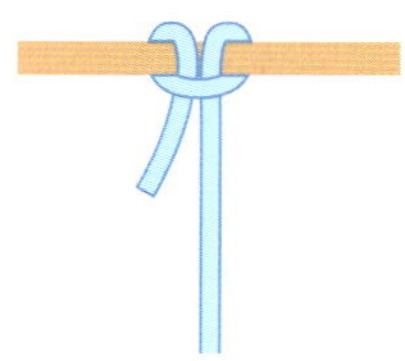

NŒUDS DE VOILE

Accoster

Nœud sur bitte occupée

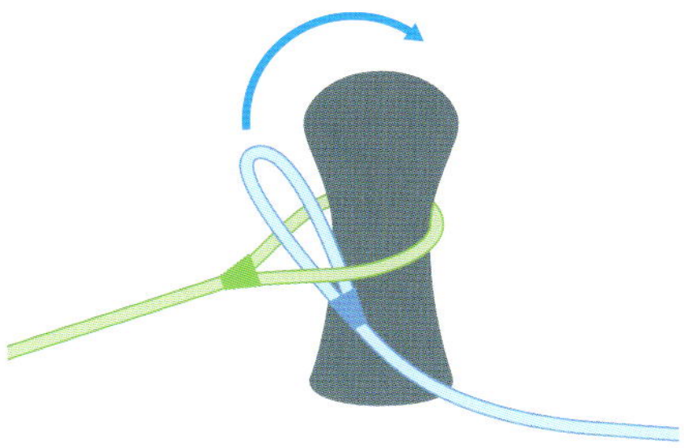

Nœud d'arrimeur

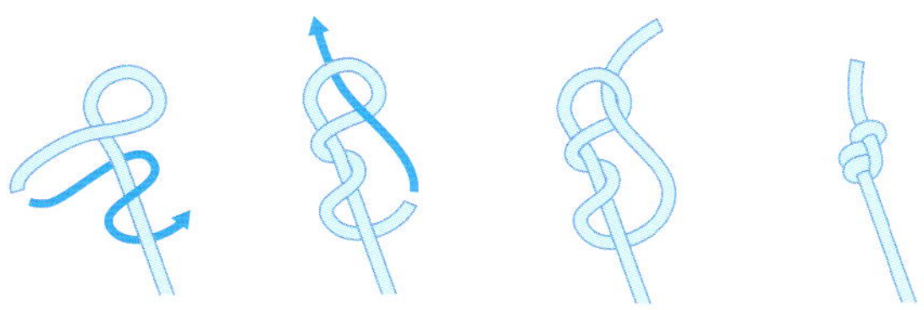

Biture en huit

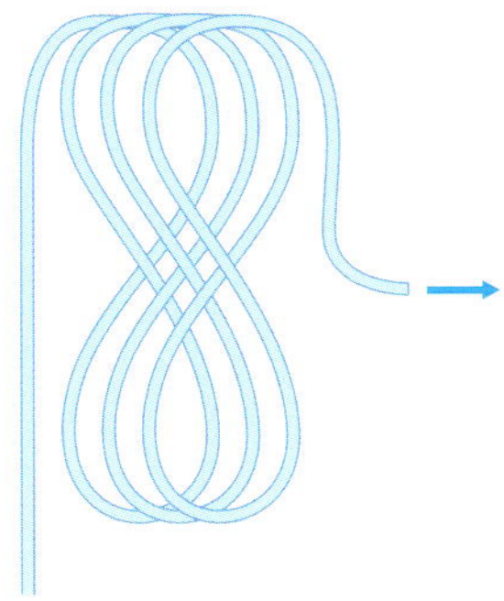

Biture en long

Nœud sur pieu hors d'atteinte

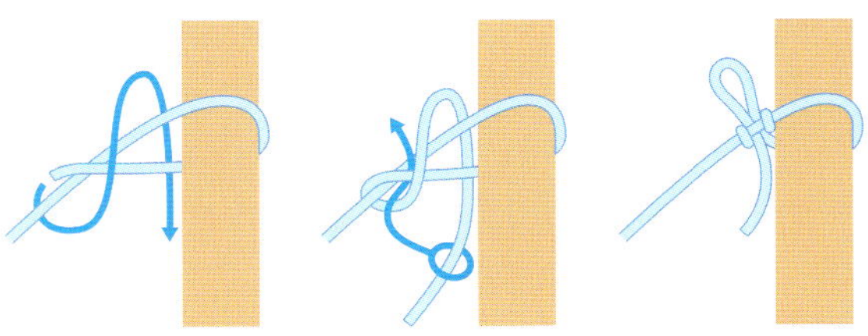

NŒUDS DE VOILE

Amarrer

Nœud de grappin

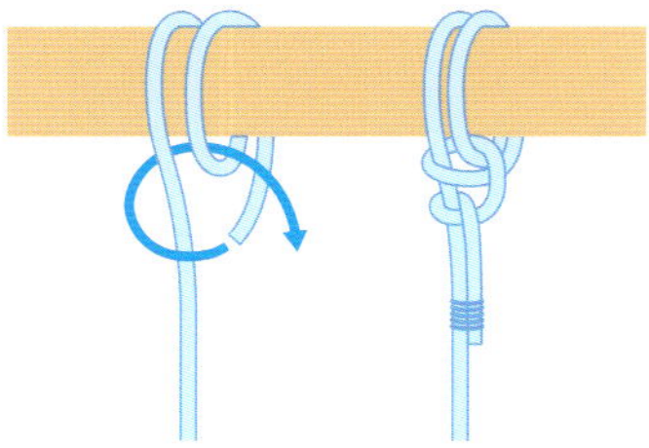

Nœud de grappin avec chaise

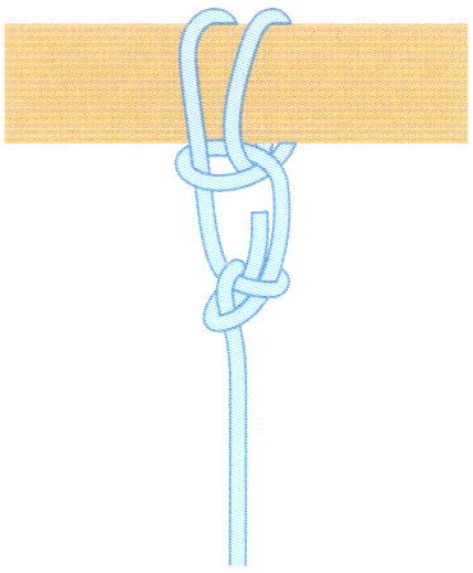

Tourner sur un taquet

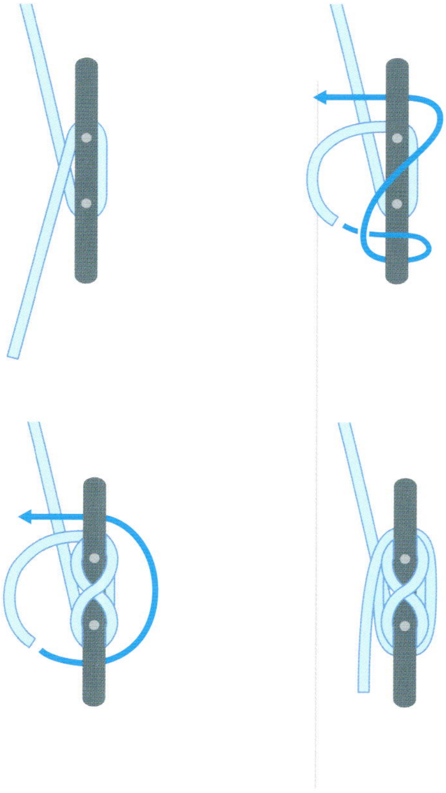

Demi-clé à capeler gansée

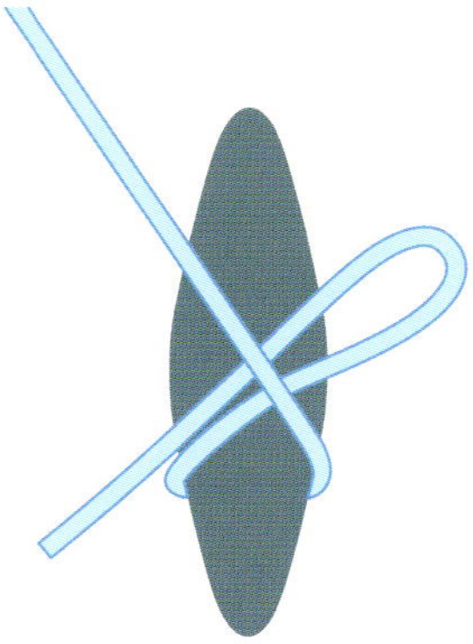

Nœud de chaise double sur son double

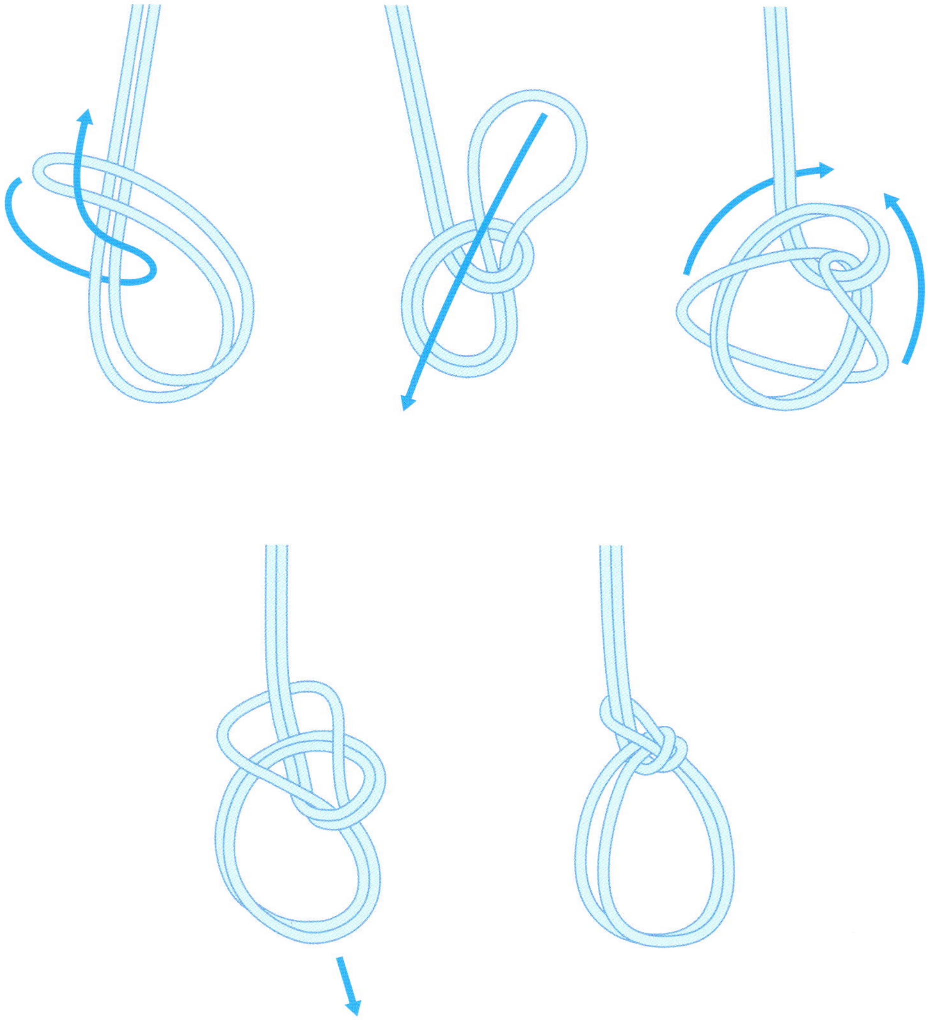

NŒUDS DE VOILE

Ajuster

Nœud d'agui

Nœud de carrick

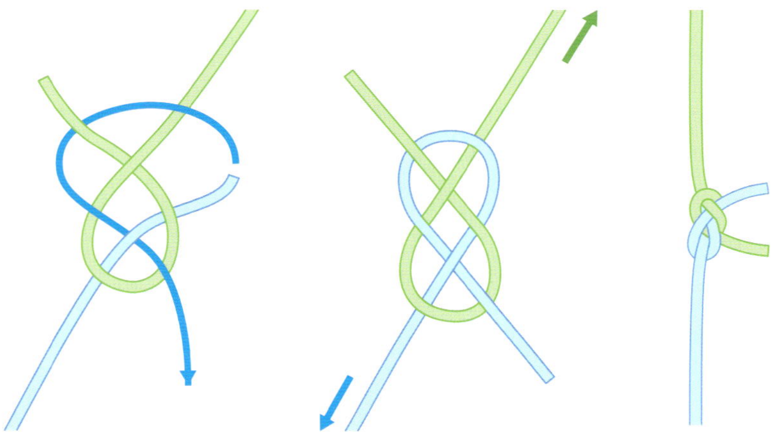

NŒUDS DE VOILE

Arrêter

Surliure de marin

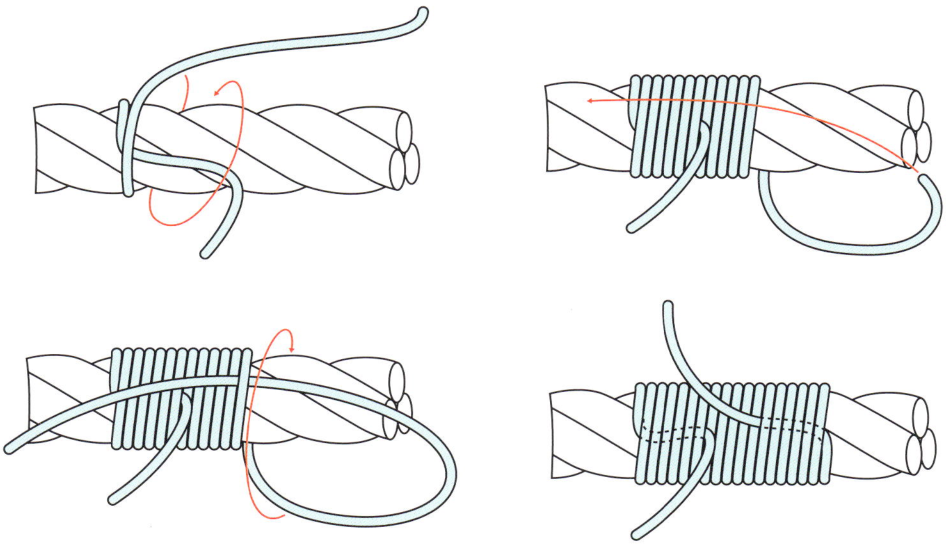

Surliure de marinSurliure cou

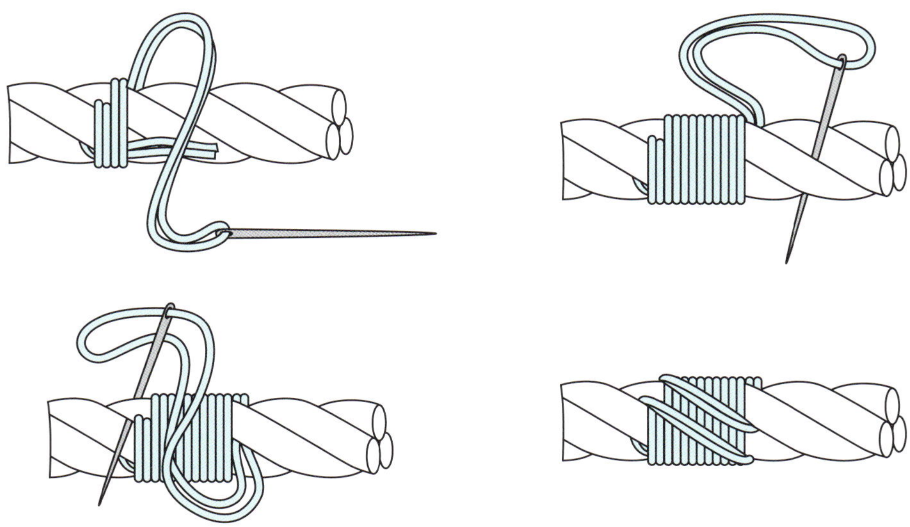

NŒUDS DE VOILE

Haler

Nœud de bosse

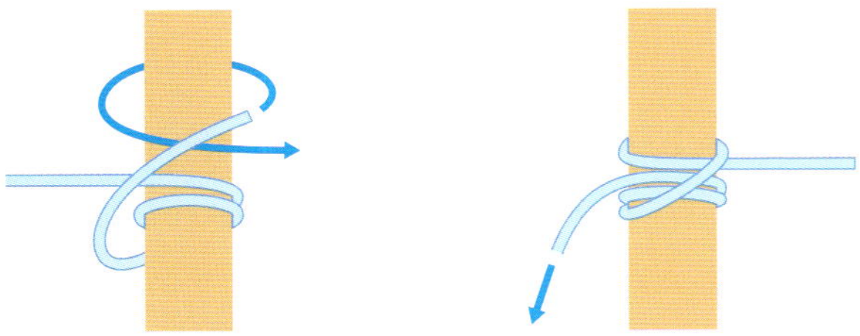

Nœud de bosse amélioré

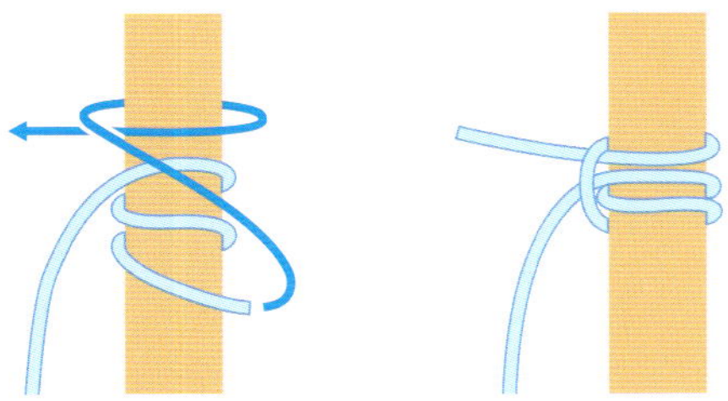

Nœud de bosse prolongé

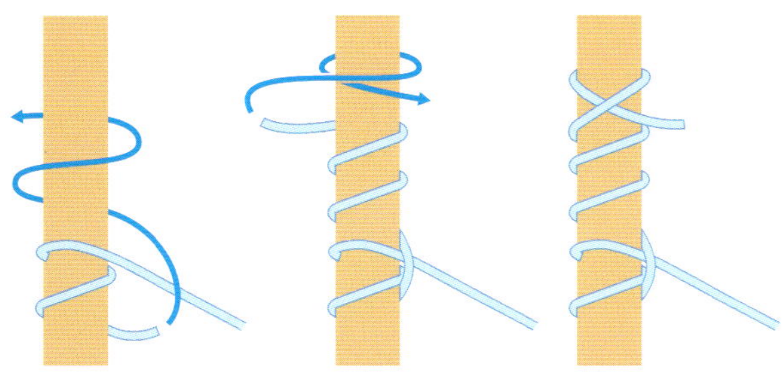

Erse ou élingue

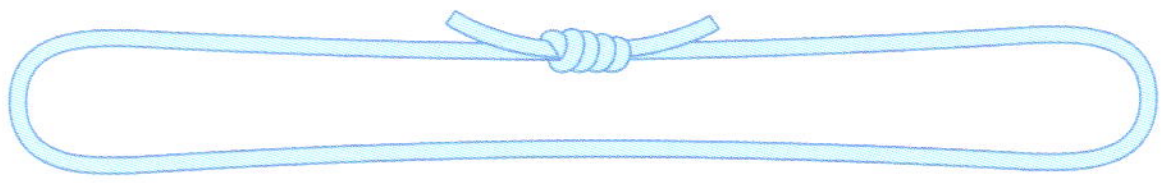

Élingue pour palan

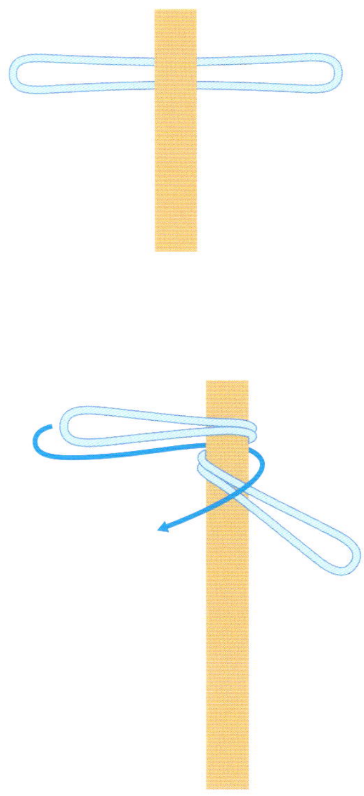

Anguille avec barbouquet

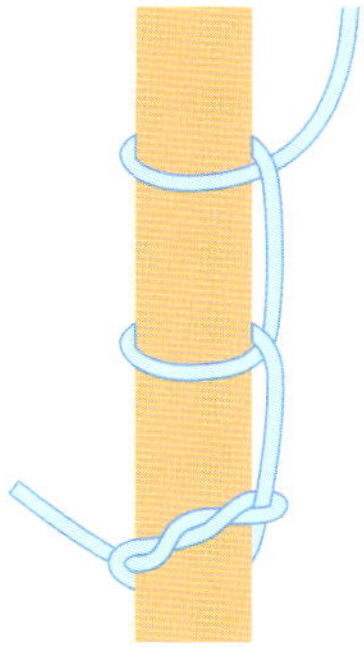

Nœud de chaise de calfat

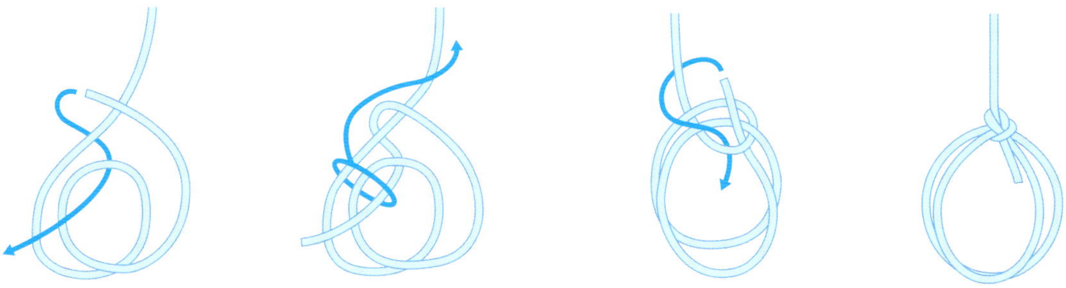

Nœud de trésillon

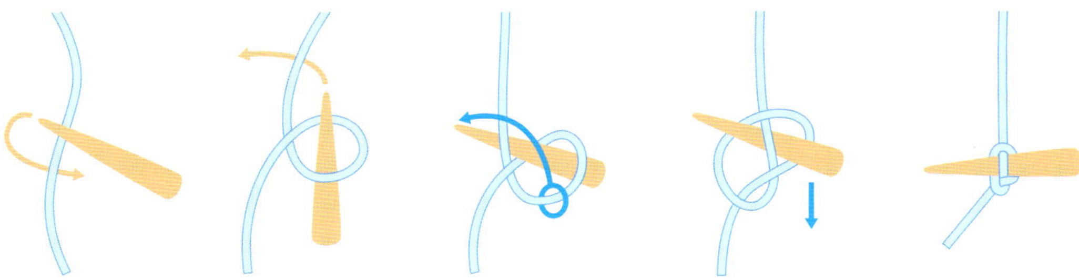

NŒUDS DE VOILE

ranger

Lover sur les doigts

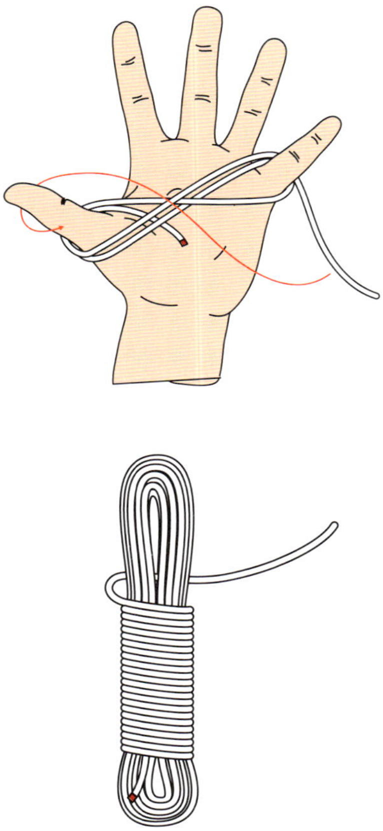

Lover dans la main

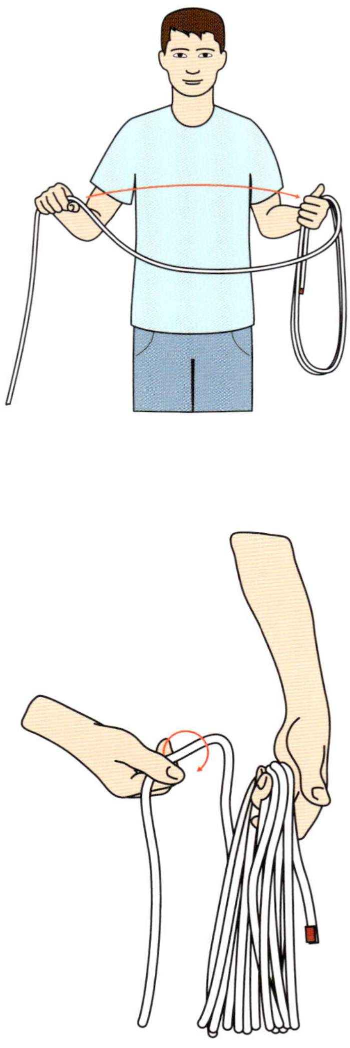

Lover sur le bras

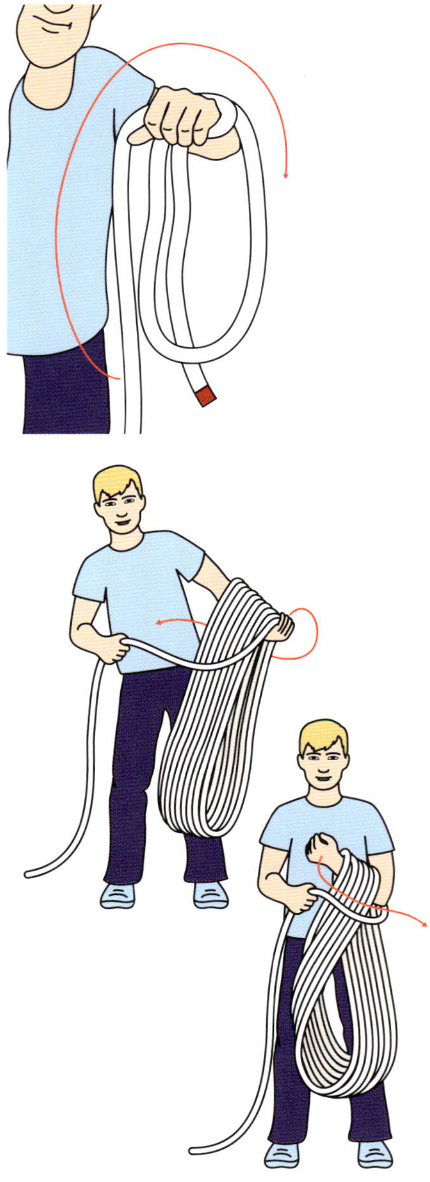

Lover sur taquet ou cabillot

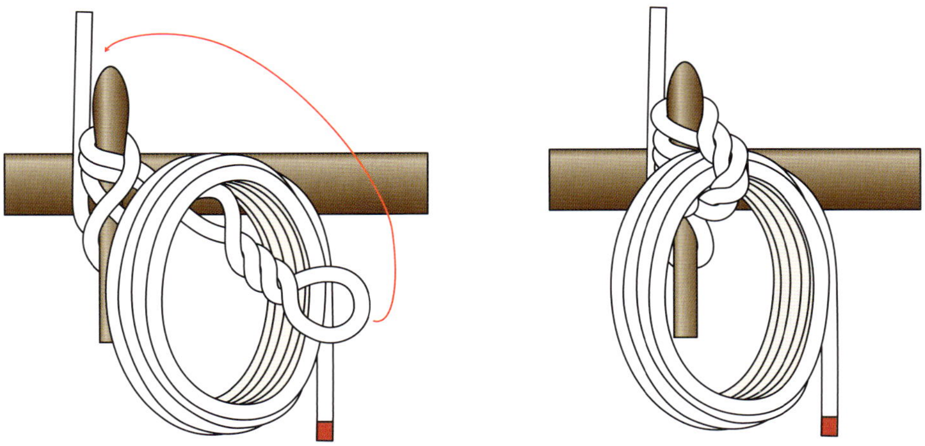

Glène à rabans

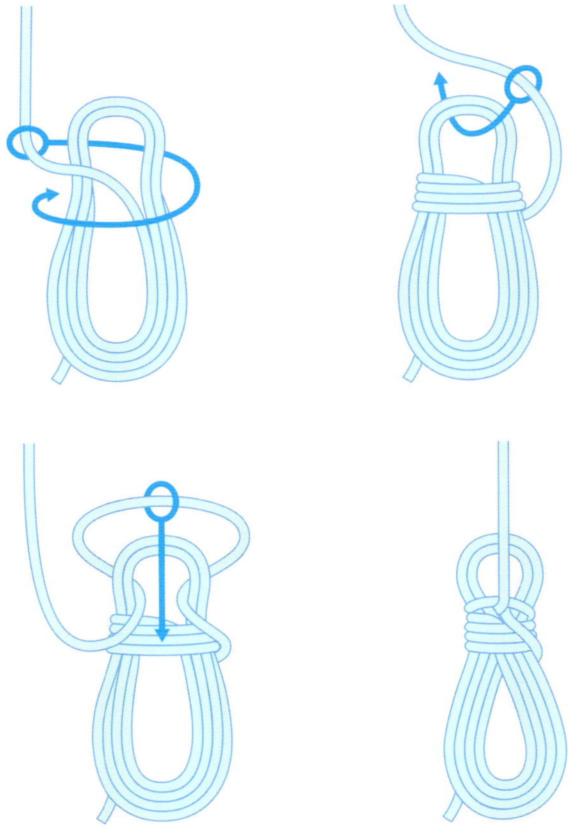

Grosse glène

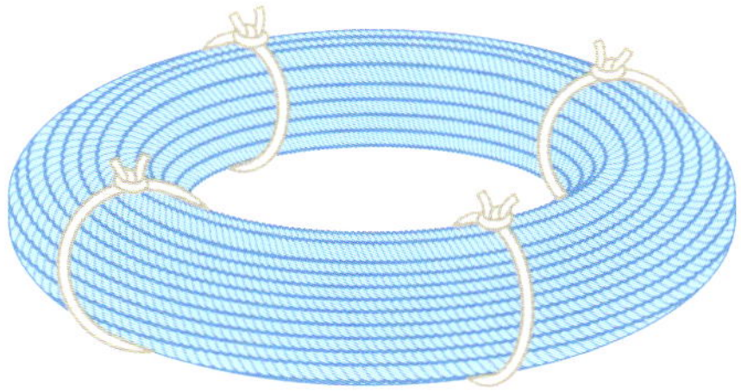

NŒUDS DE VOILE

Nœuds spécifiques

Nœud plat gansé

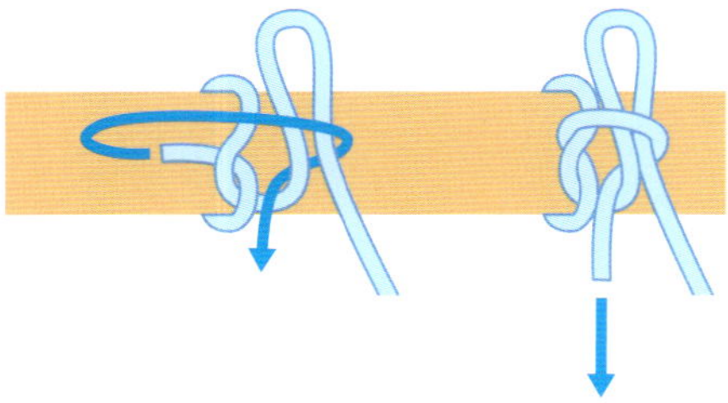

Demi-clé de Merlin

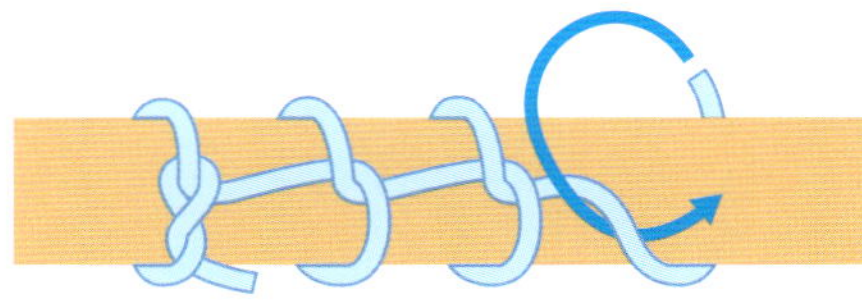

Nœud de cargue fond

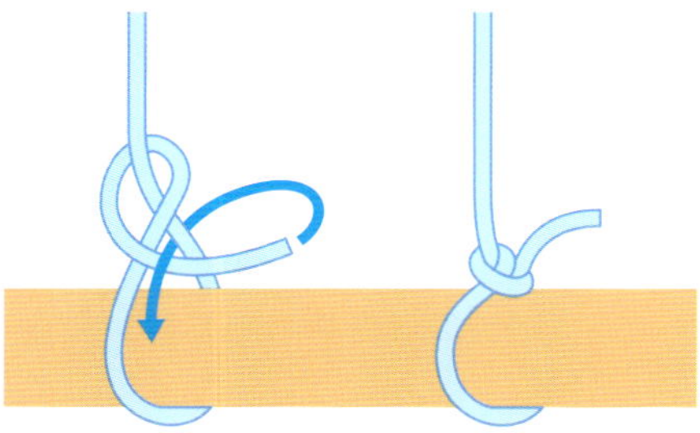

Nœud de capelage

Nœud de drisse de bonnette

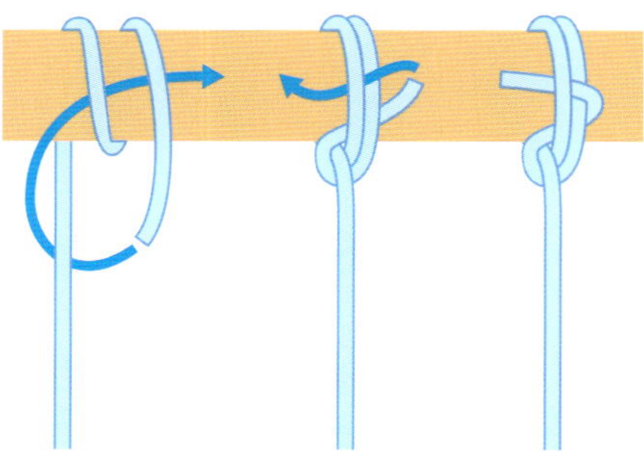

LES COQUES

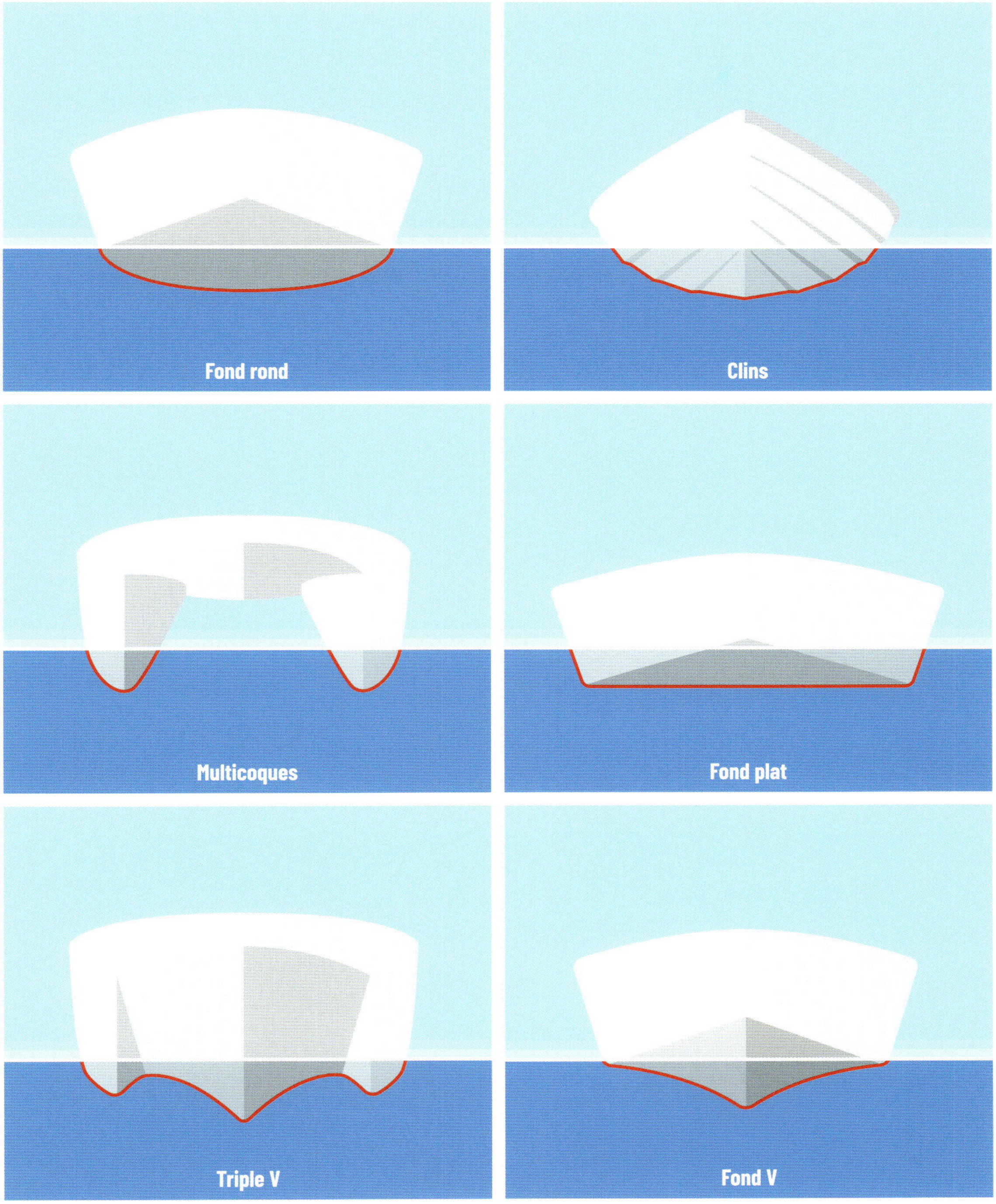

LES QUILLES

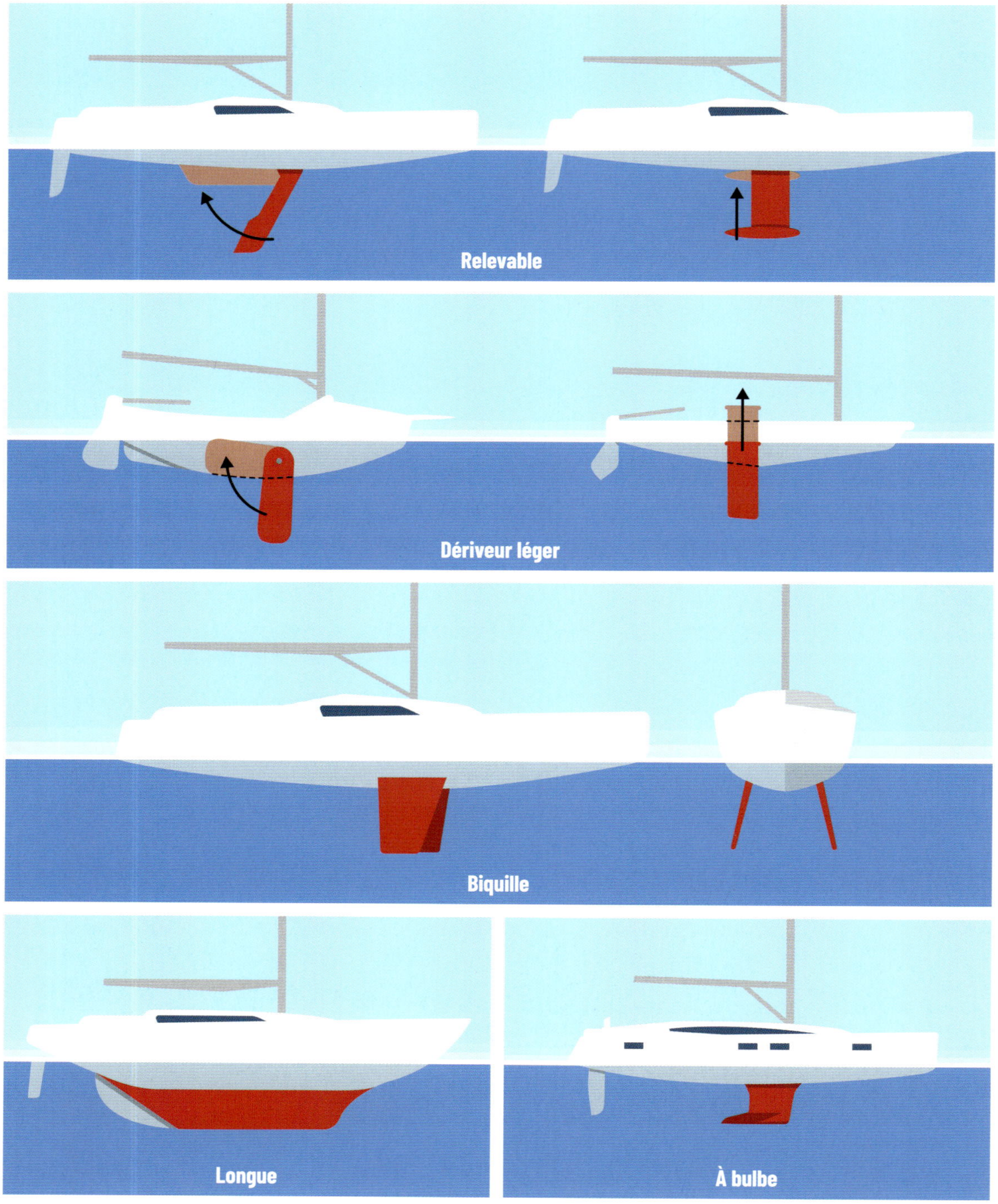

LES ŒUVRES VIVES ET LES ŒUVRES MORTES

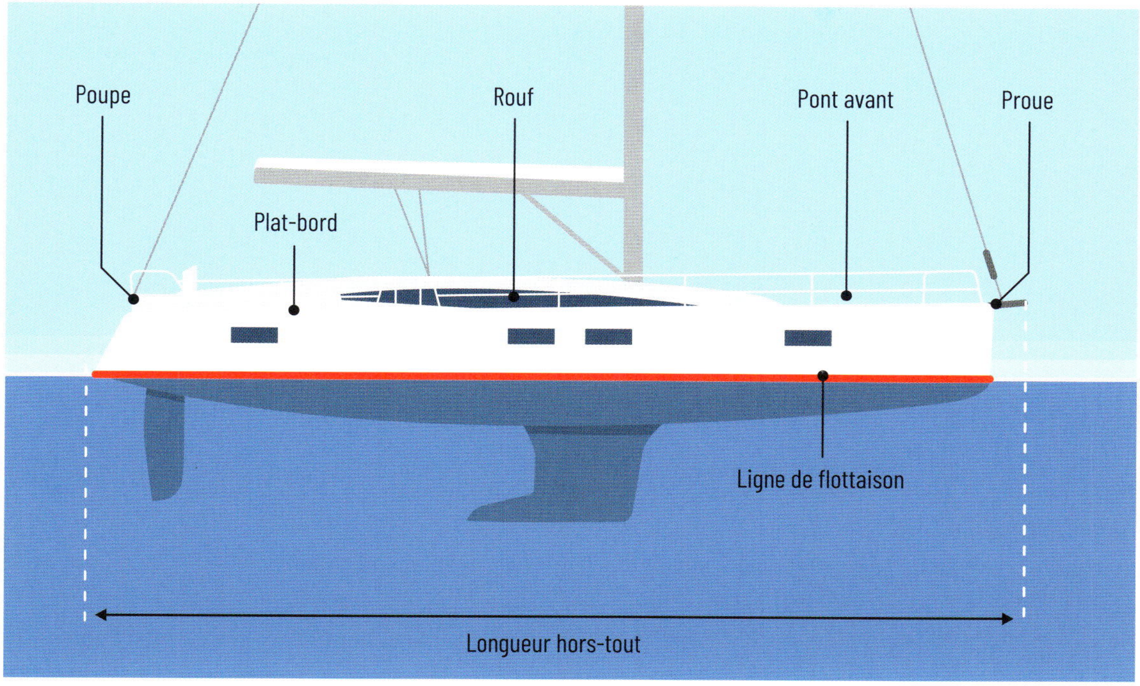

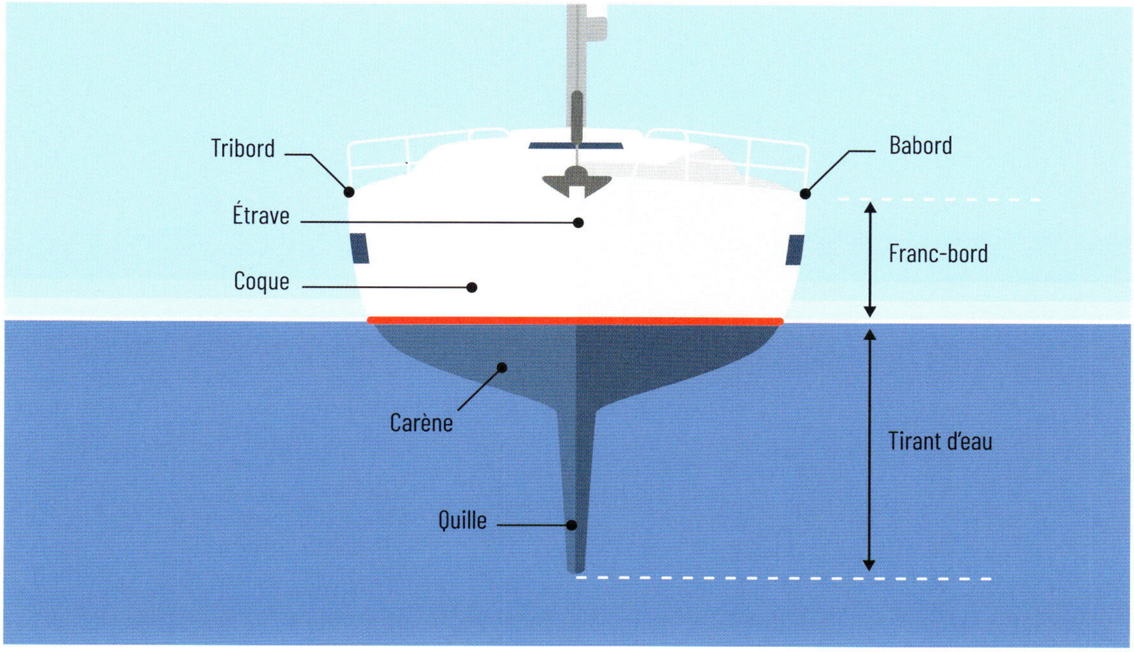

LES DIFFÉRENTS TYPES DE GRÉEMENTS

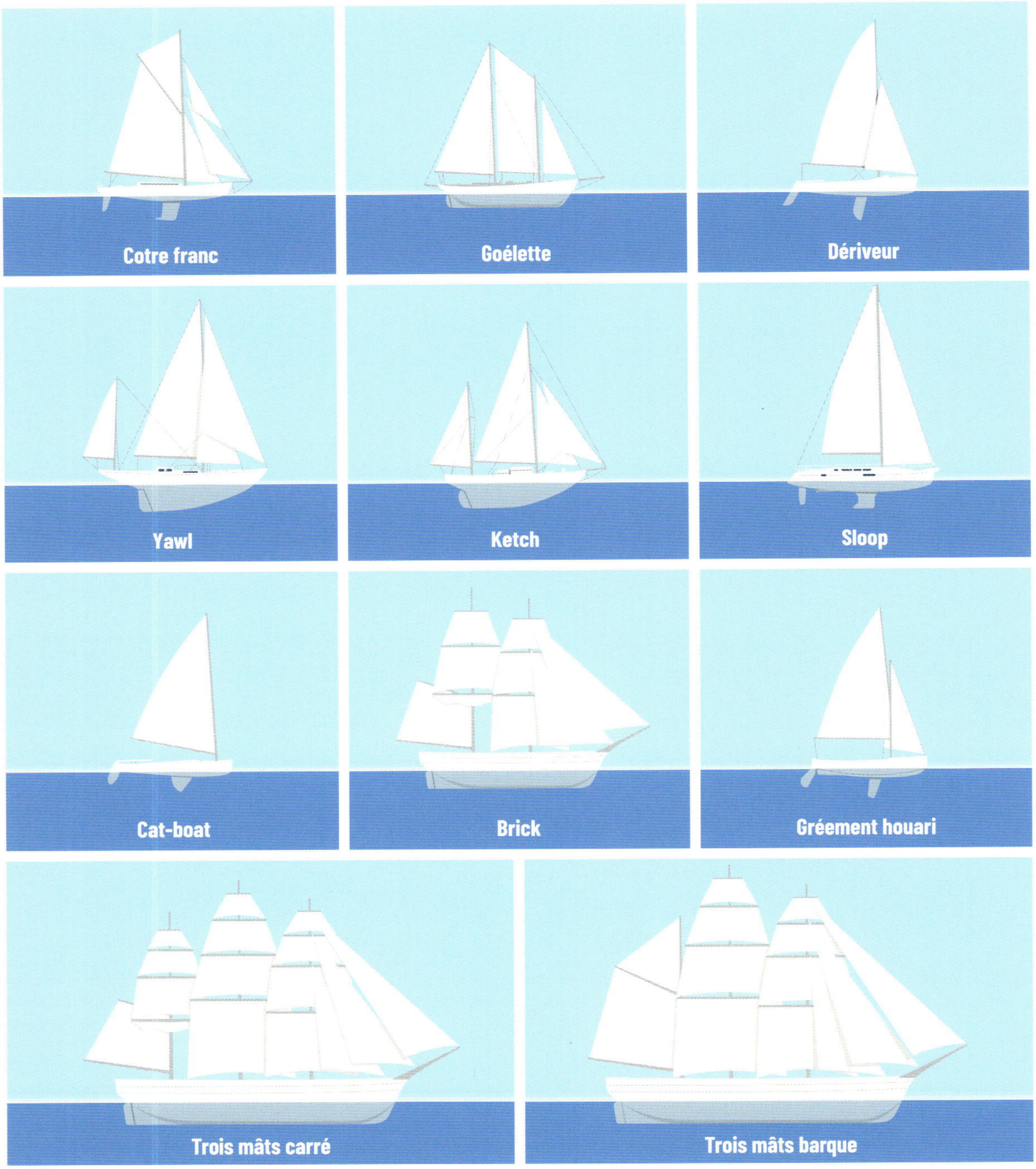

LES BARRES DE FLÈCHES

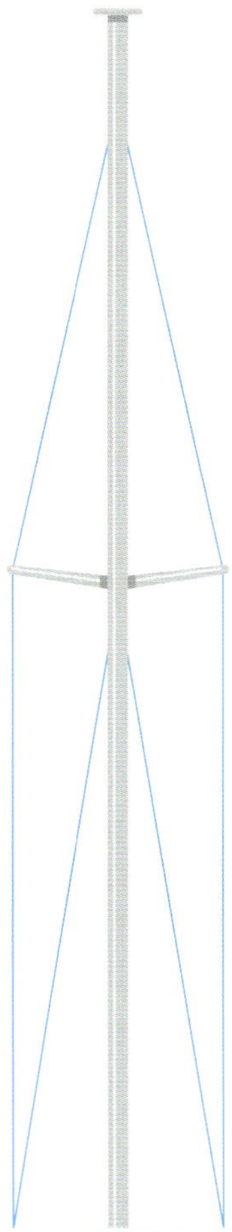
Sur 1 étage

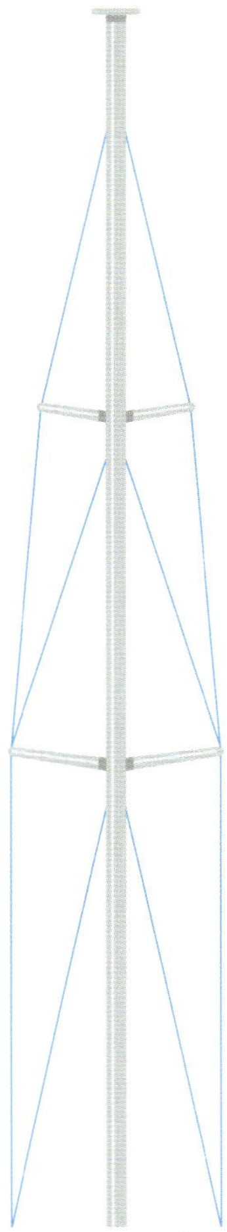
Sur 2 étages

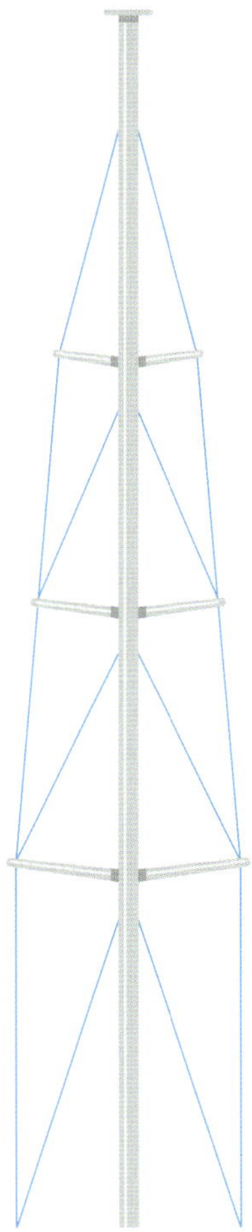
Sur 3 étages

Barres de flèche poussantes

Barres de flèche non poussantes

LES GRÉEMENTS

Le gréement en tête de mât

Le gréement fractionné

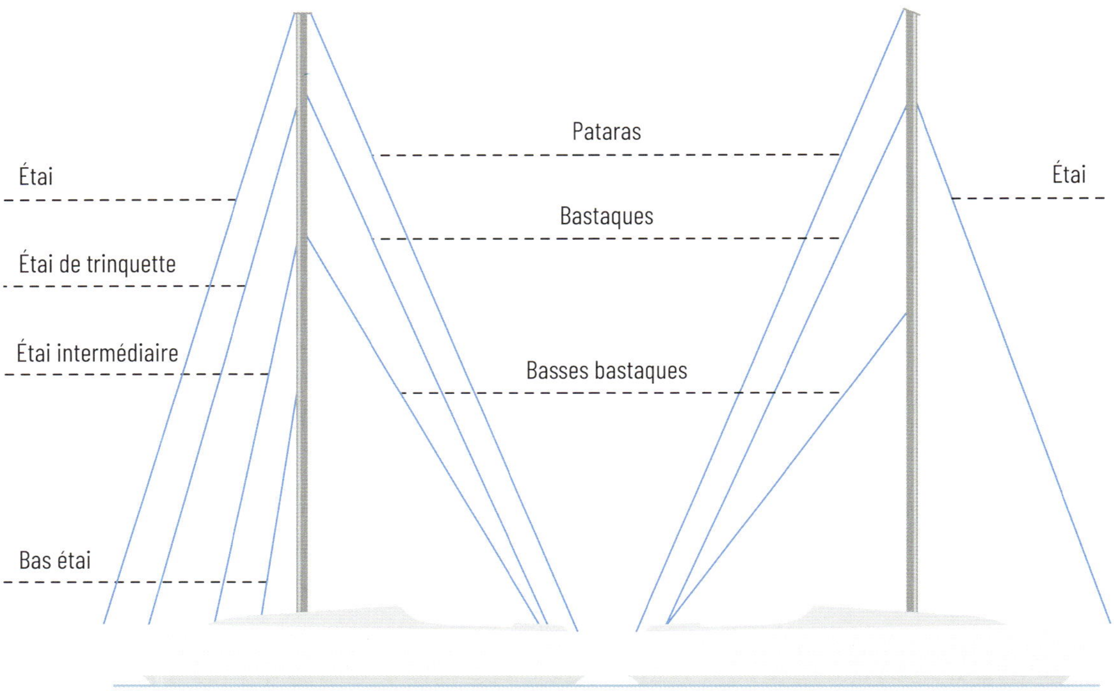

LES VOILES MODERNES

1. Mât
2. Tangon
3. Spinnaker symétrique
4. Bout dehors
5. Grand-voile
6. Trinquette
7. Génois

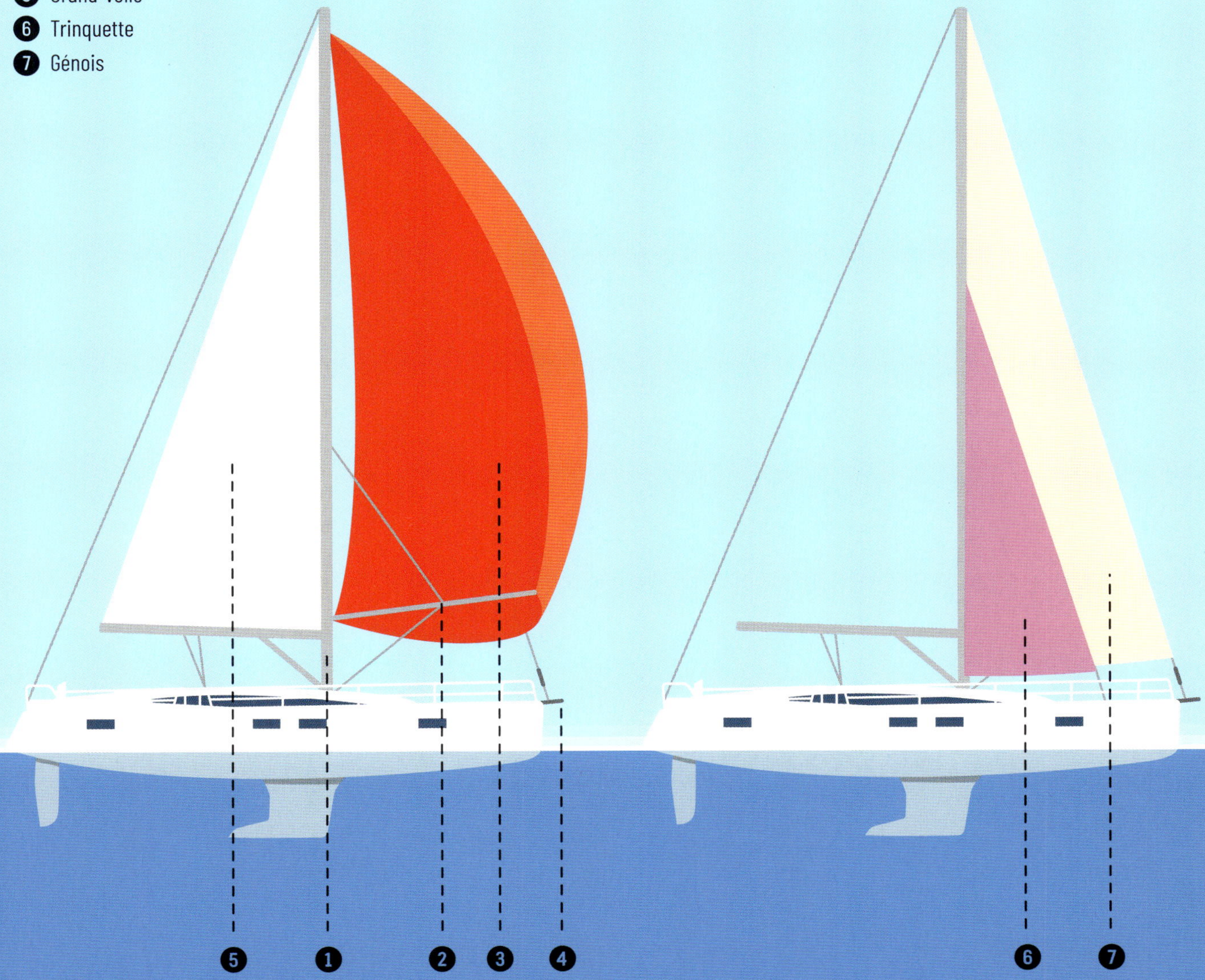

LES VOILES VIEUX GRÉEMENTS

1 Foc de misaine
2 Misaine
3 Haut de misaine
4 Grand-voile aurique
5 Hunier
6 Hunier de foc
7 Foc
8 Trinquette

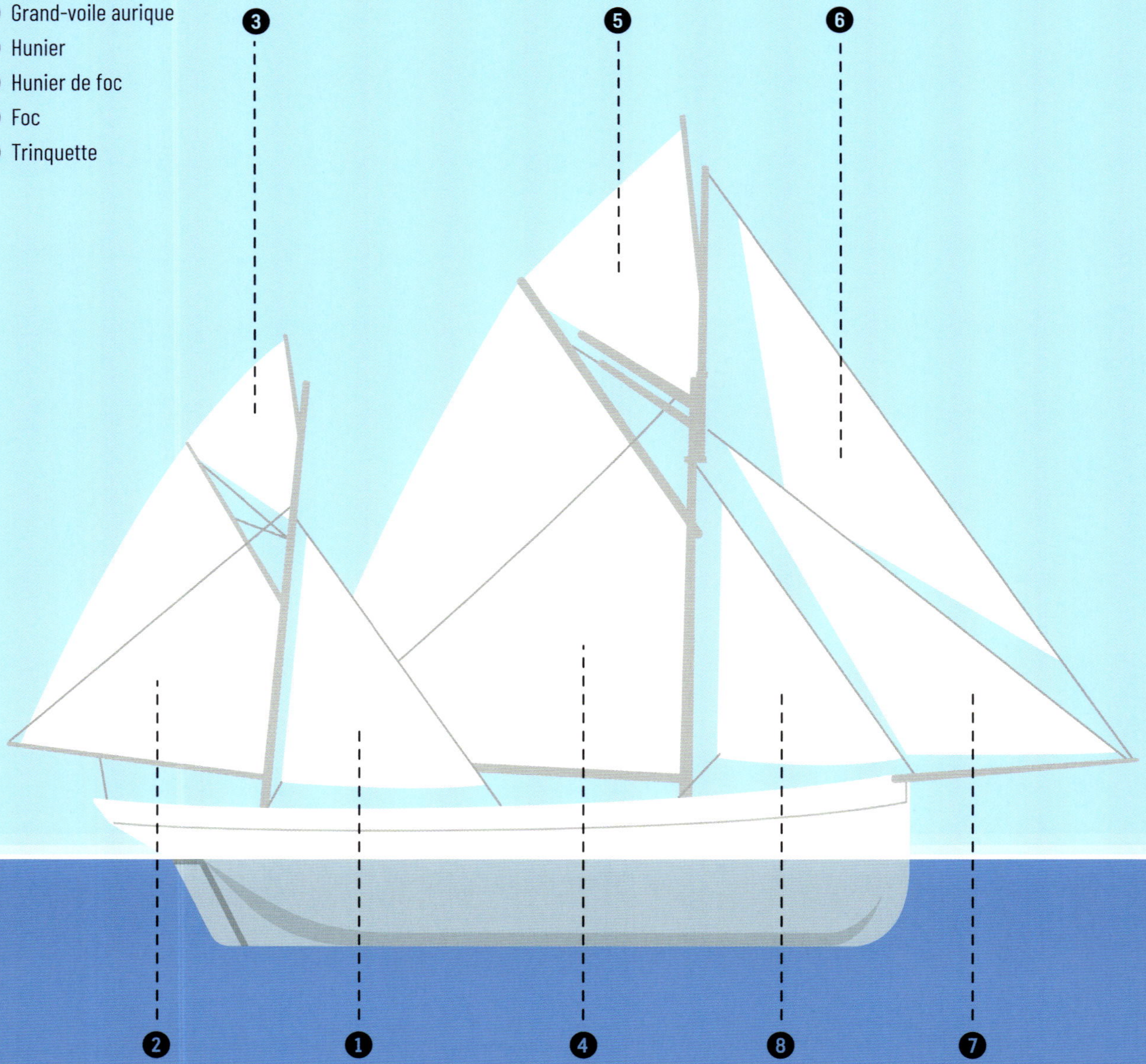

LES DIFFÉRENTS TYPES DE VOILIERS

LE MATÉRIEL INDIVIDUEL

Obligatoire en zone basique, côtière, semi-hauturière et hauturère

✓ Équipement individuel de flottabilité (EIF) ❶

✓ Dispositif lumineux ❷

✓ Moyens de lutte contre l'incendie indiqués dans le manuel du propriétaier

✓ Dispositif d'assèchement manuel

✓ Équipement individuel de flottabilité (EIF)

✓ Dispositif lumineux

✓ Pavillon national (hors eaux territcriales)

✓ Annuaire des marées ❸ ❹

Obligatoire en zone côtière, semi-hauturière et hauturère

✓ Dispositif de repérage et d'assistance pour personne à la mer

✓ 3 feux rouges à main ❺

✓ Compas magnétique (ou GPS en zone côtière)

✓ Cartes marines officielles ❹

✓ Règlement international pour prévenir les abordages en mer (RIPAM) ❹

✓ Description du système de balisage

❶ Des combinaisons de protection, si elles sont portées en permanence, entièrement et fermées, peuvent se substituer aux gilets de sauvetage. Elles doivent en outre avoir des couleurs vives aux épaules et sur la tête.

❷ Une lampe torche étanche sinon un moyen de repérage lumineux individuel (lampe flash ou bâtonnet luminescent) fixé sur le gilet avec une autonomie de 6 heures.

❸ Pour les navigations inférieures à 6 milles d'un abri, un annuaire des marées complet n'est pas obligatoire. Néanmoins, il faut avoir à bord un moyen papier ou électronique pour connaître les heures de marée du jour et de la zone de navigation.

❹ Ces informations peuvent être sous forme numérique sous condition de disposer d'un appareil de lecture opérationnel.

❺ Les fusées périmées peuvent être restituées au point de vente lors de l'achat de nouveaux moyens pyrotechniques. Il ne faut jamais les utiliser comme feux d'artifice car cela pourrait déclencher abusivement des secours en mer.

DE SÉCURITÉ

Obligatoire en zone semi-hauturière et hauturère

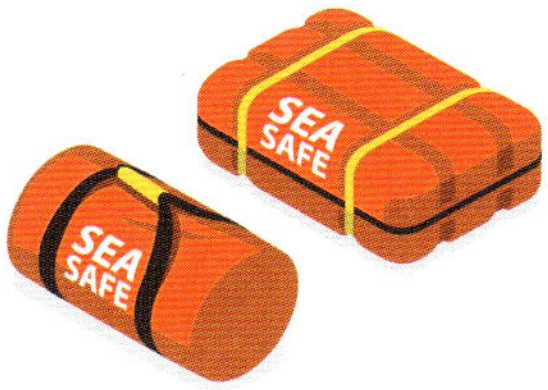

- ✓ Radeau de survie

- ✓ Matériel pour faire le point

- ✓ Journal de bord

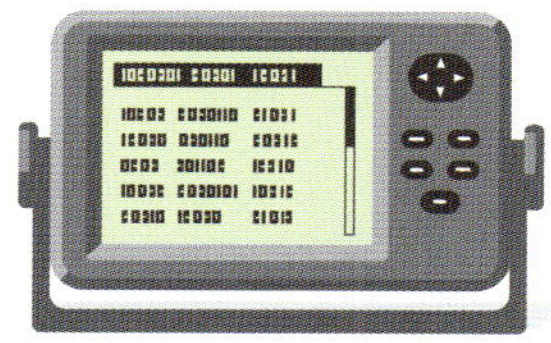

- ✓ Dispositif de réception des bulletins météo

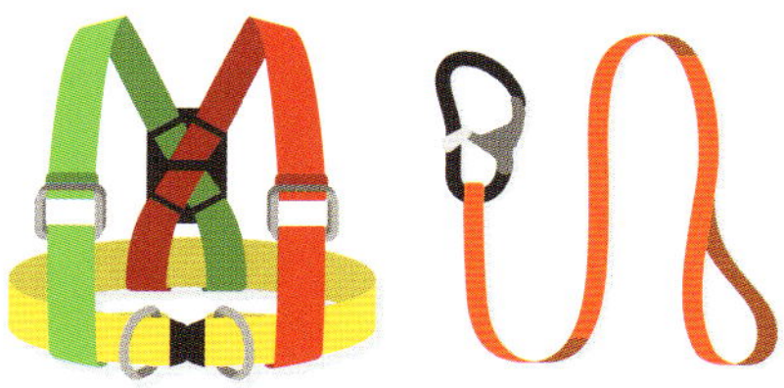

- ✓ 1 harnais et 1 longe par navire pour les <u>non-voiliers</u>
- ✓ 1 harnais et 1 longe par personne pour les <u>voilier</u>

- ✓ Dispositif lumineux pour la recherche et le repérage de nuit

- ✓ VHF fixe
  Recommandé pour la zone côtière

- ✓ Livre des feux à jour
- ✓ Trousse de secours conforme

Obligatoire en zone hauturère

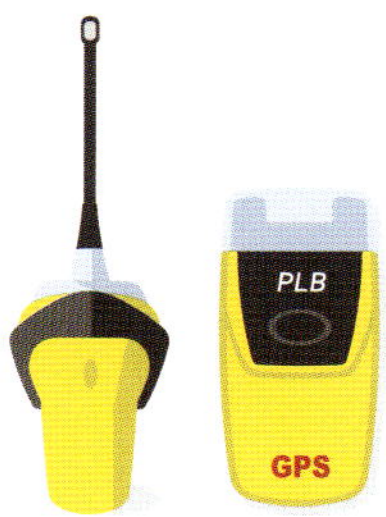

- ✓ Radiobalise de localisation

- ✓ VHF portable
  Recommandé pour les zones basique et côtière

Ce qui est recommandé

- ✓ Voir ci-dessus le matériel recommandé
- ✓ Amarres
- ✓ Pinoches (si le bateau est équipé de passe-coques et de vannes)
- ✓ Sondeur
- ✓ Gaffe
- ✓ Outillage
- ✓ Ancre flottante

LE BALISAGE DE PLAGE

1 Bordure extérieure
2 Chenal traversier
3 Bateaux : vitesse inférieure à 5 nœuds
4 Embarcations à moteur interdites
5 Zone réservée uniquement aux baigneurs

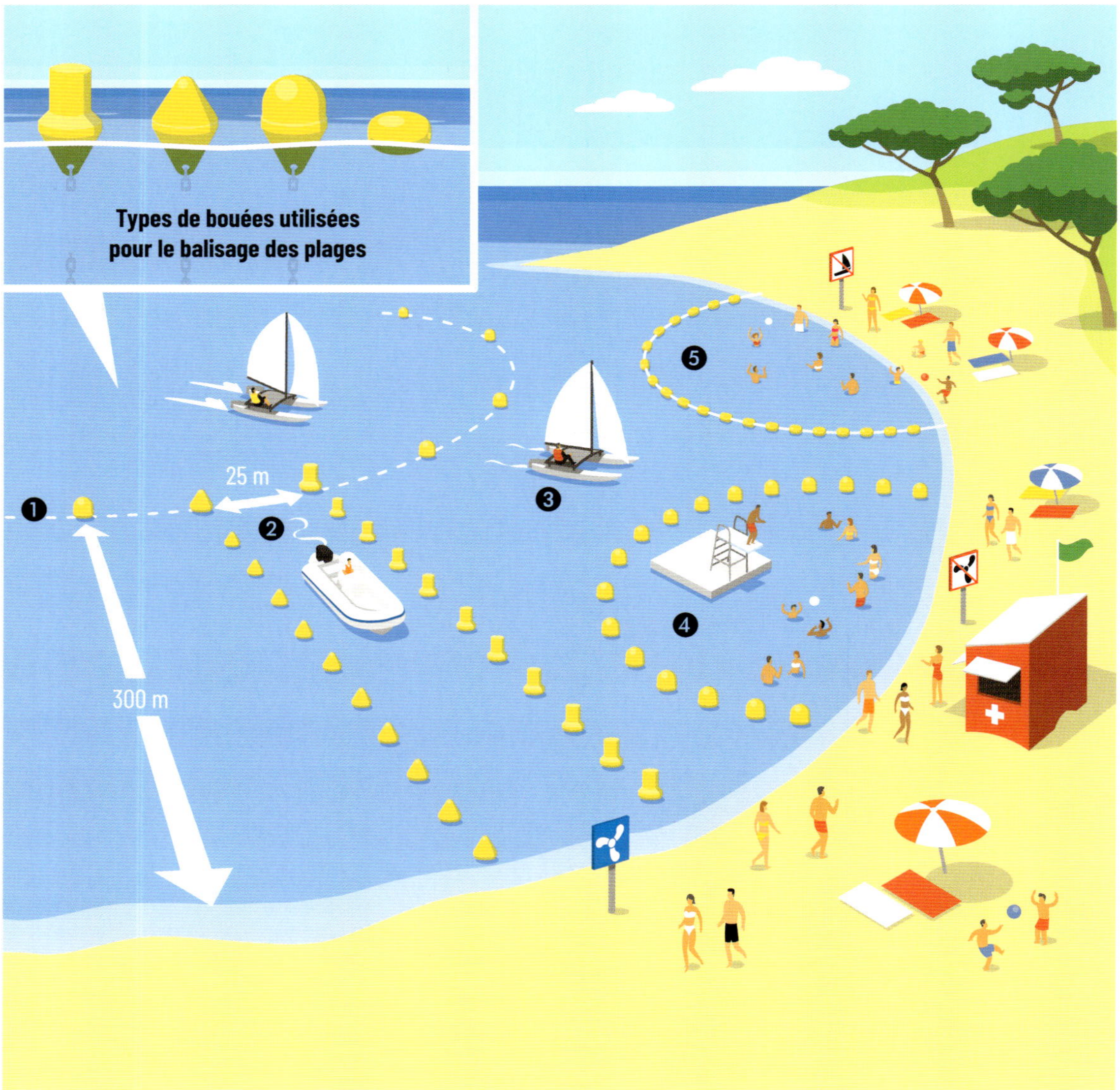

LES RÈGLES DE BARRE

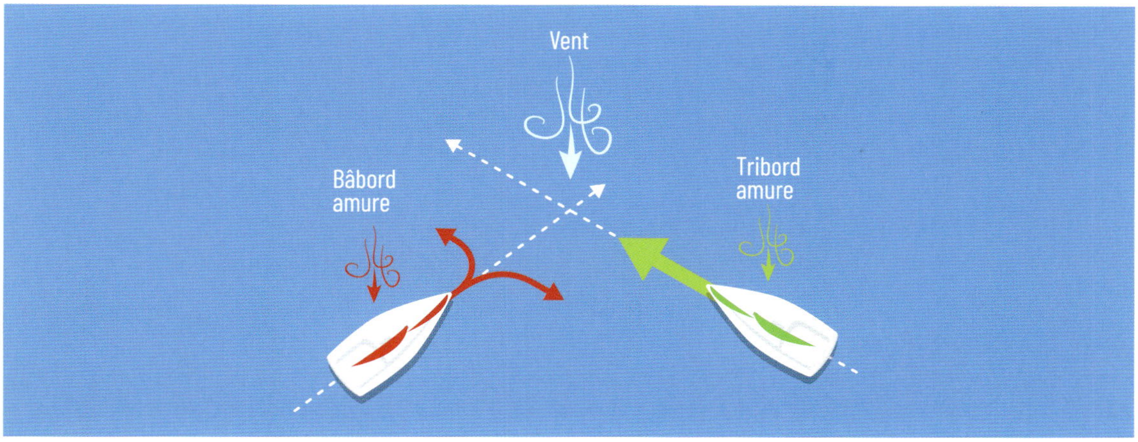

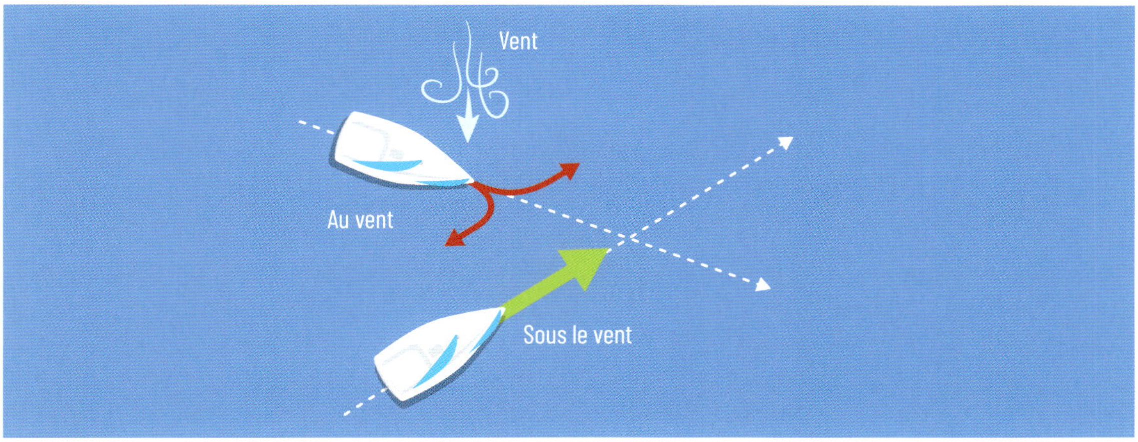

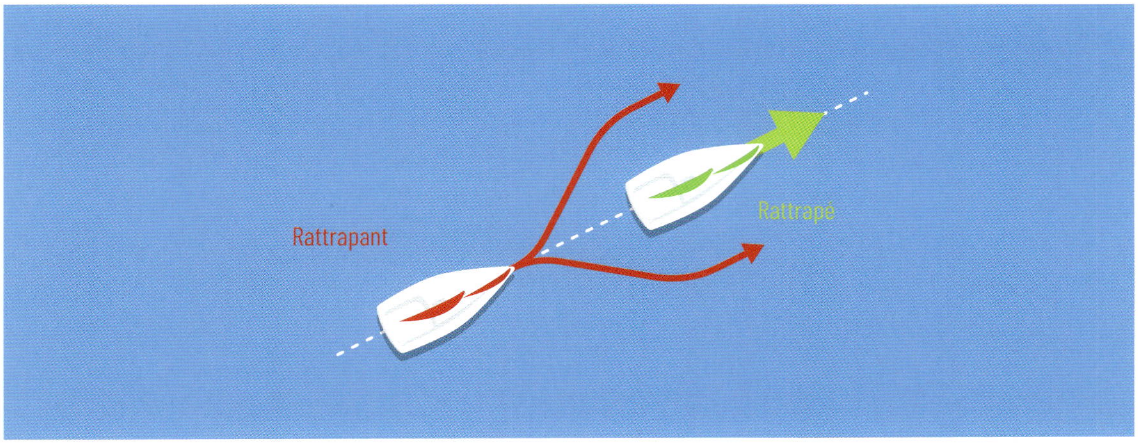

LES FEUX

Feu de tête de mât
Blanc, dans l'axe du navire et éclairant vers l'avant
Secteur : 225°

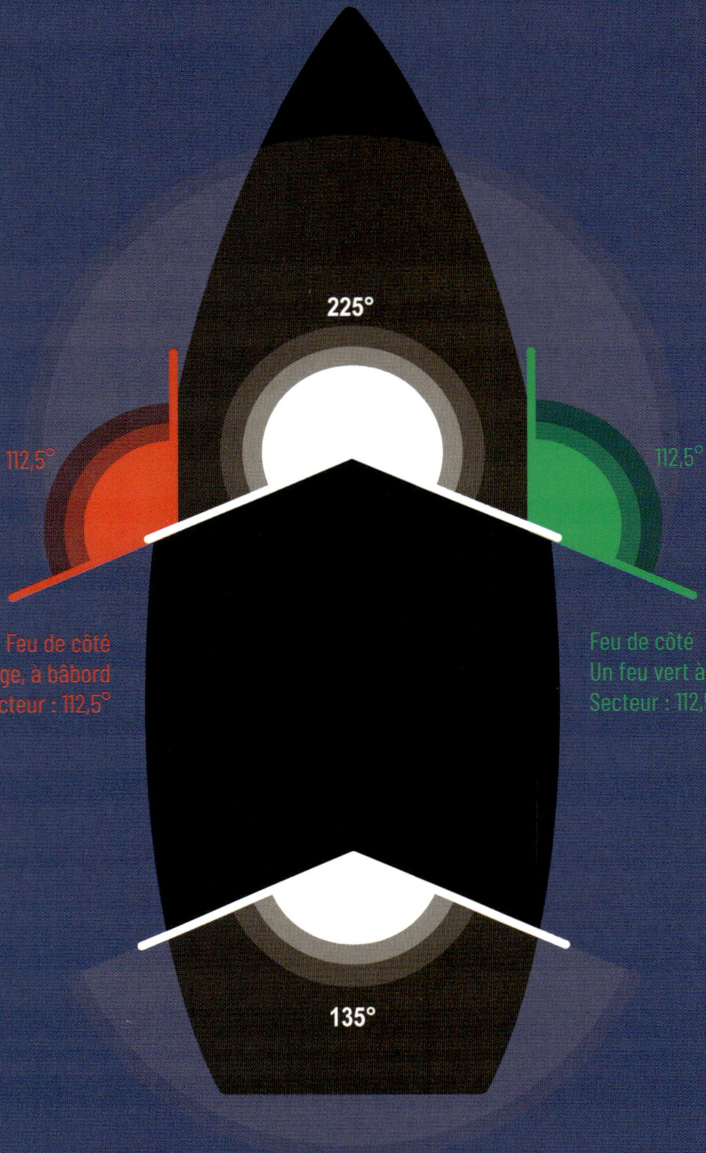

Feu de côté
Un feu rouge, à bâbord
Secteur : 112,5°

Feu de côté
Un feu vert à tribord
Secteur : 112,5°

Feu de poupe
Un feu blanc, éclairant vers l'arrière
Secteur : 135°

LES FEUX DES VOILIERS

LE MATELOTAGE

le matériel

1 *Un mètre ruban*
2 *Un épissoir*
3 *Un couteau*
4 *Un briquet*
5 *Du fil à surlier.*
6 *Des aiguilles*
7 *Des feutres*
8 *Des aiguilles creuses : un set complet.*
9 *Une aiguille à long chas*
10 *Des rouleaux de bande adhésive*
11 *Un gant à coudre.*
12 *Un maillet et une pince multiprise*

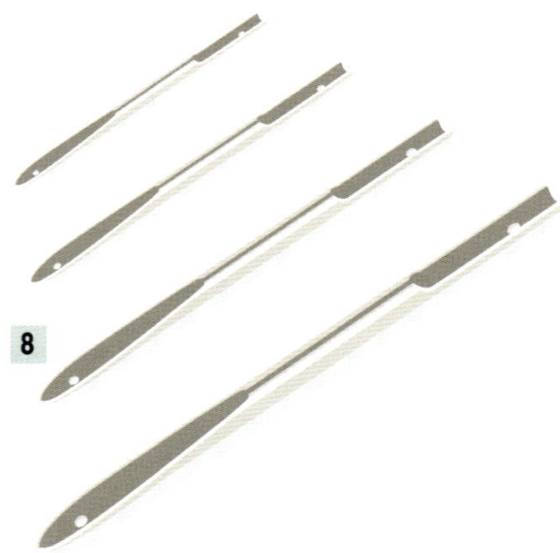

l'œil épissé sur simple tresse

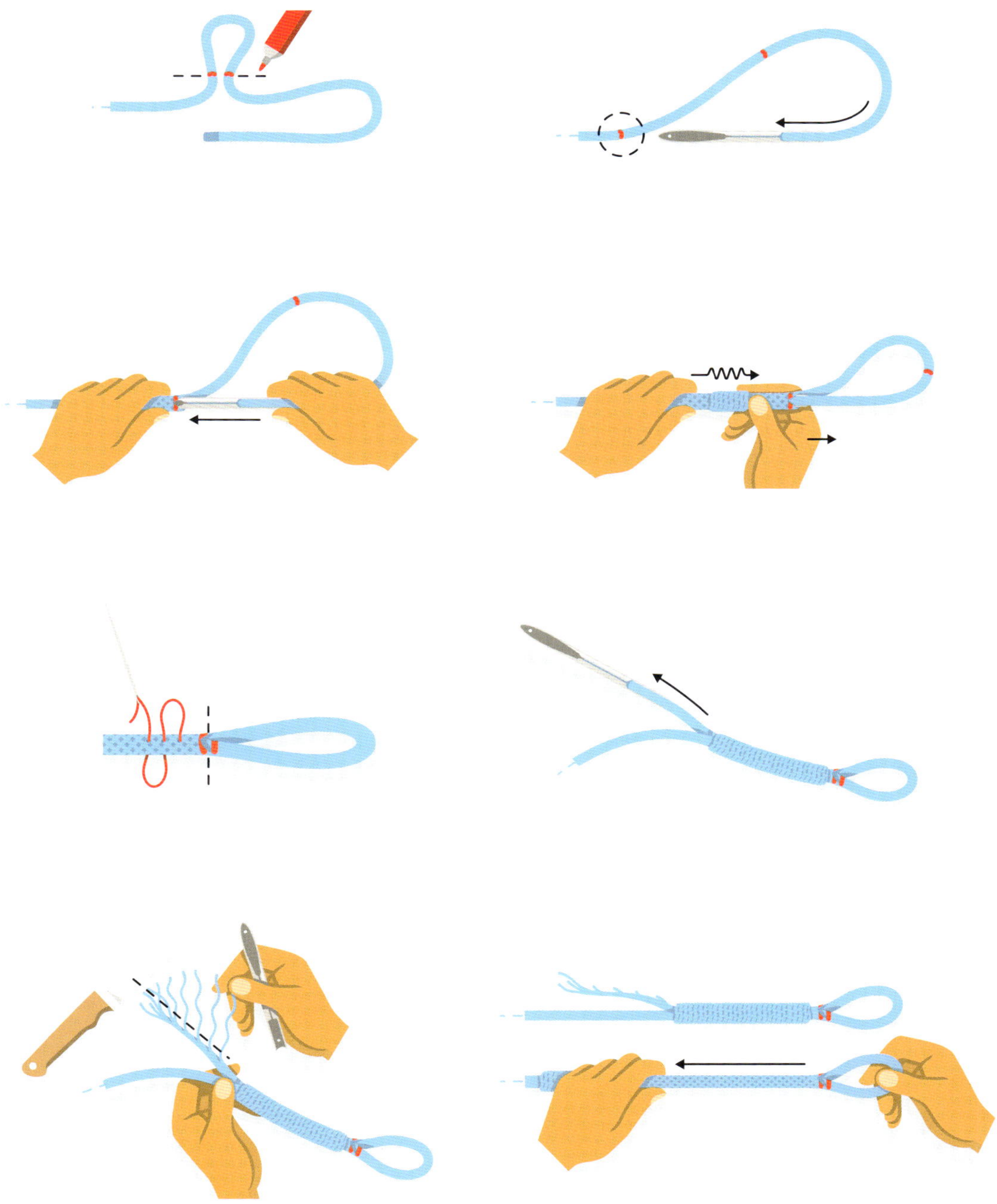

la surliure piquée

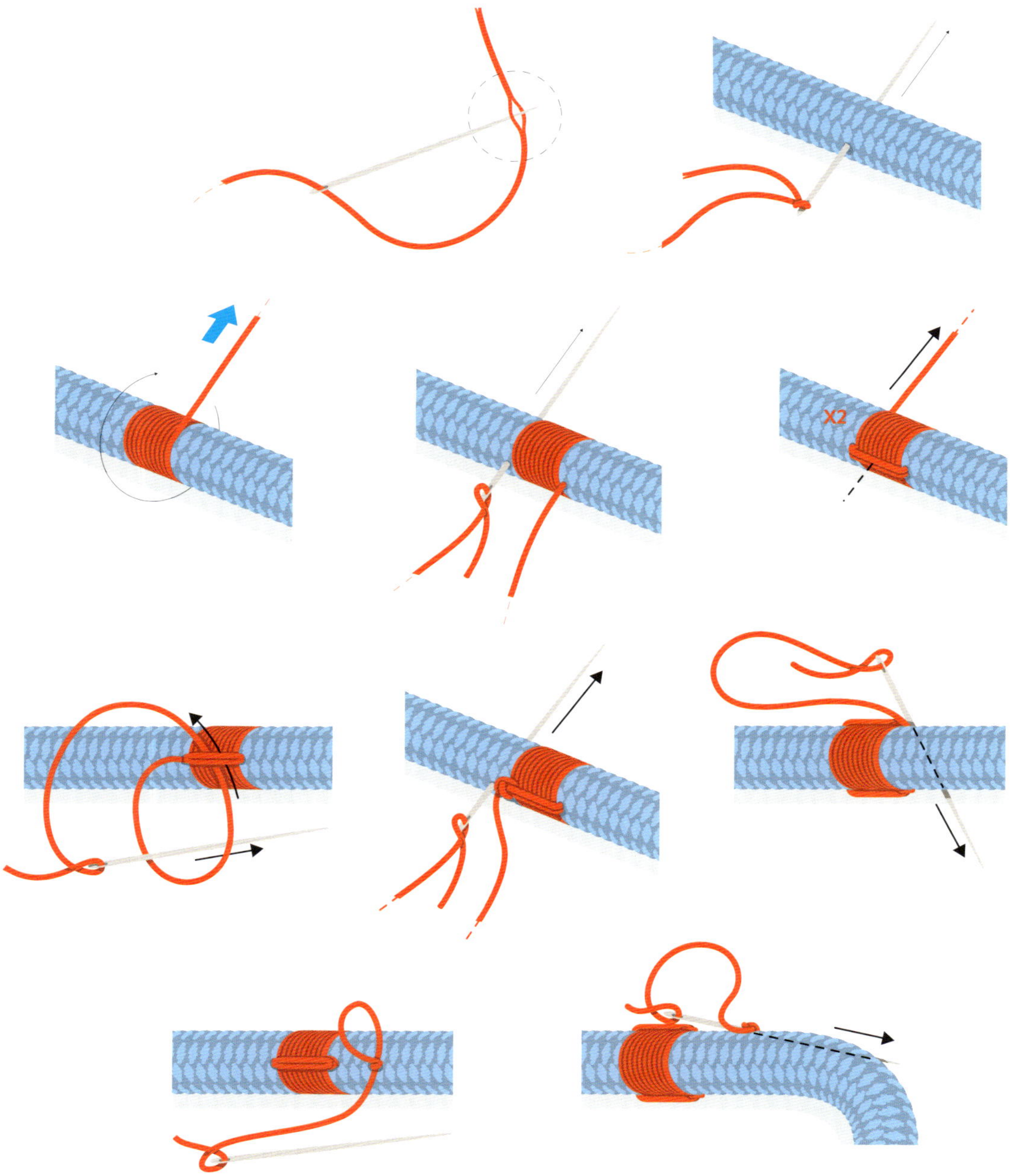

la surliure constricteur

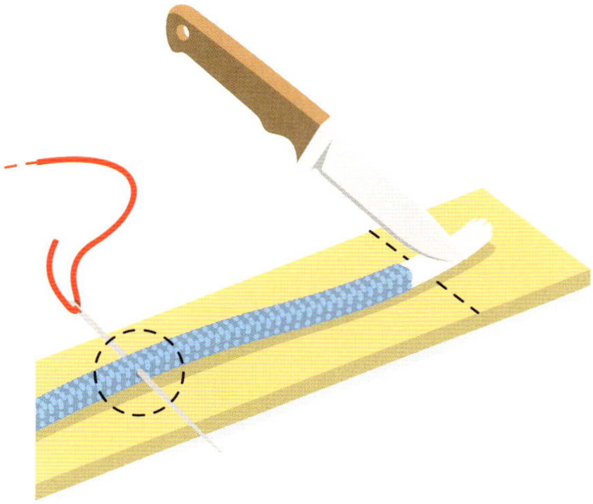

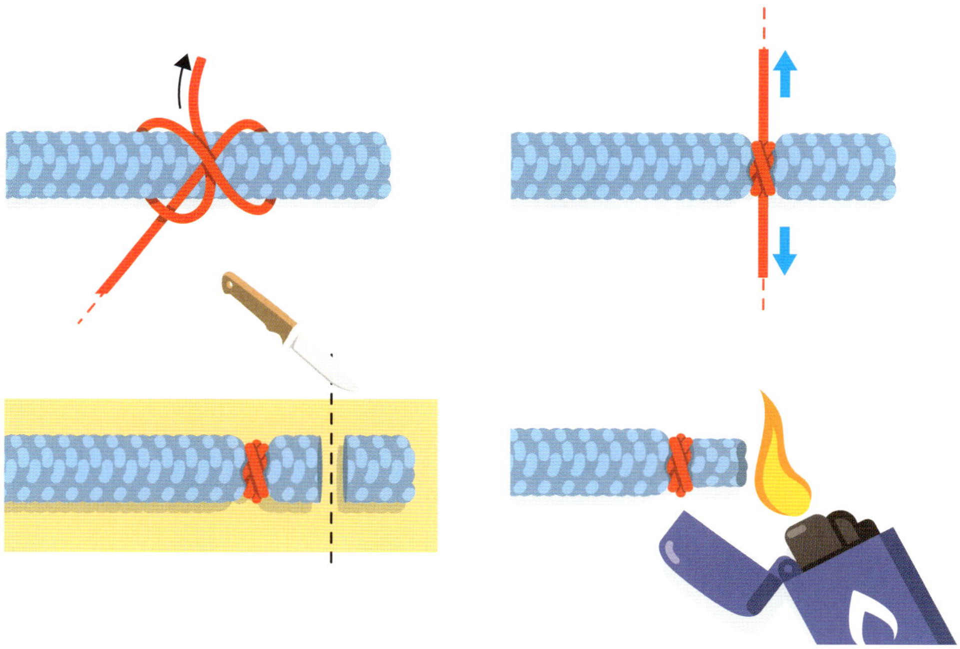

Quelques dates

1720
Fondation du Water Club of the Harbour of Cork, aujourd'hui Royal Cork Yacht Club.

1815
Fondation du Royal Yacht Squadron, à Cowes sur l'Île de Wight.

1840
Première régate de voiliers en France, au Havre.

1851
Première Coupe de l'America organisée par le Royal Yacht Squadron à Cowes.

1866
Première course transatlantique de New York à l'île de Wight.

1867
Fondation du Yacht Club de France.

1884
Fondation du chantier Bénéteau, alors constructeur de navires de pêche.

1895/1898
Tour du monde en solitaire de Joshua Slocum.

1923
Traversée en solitaire de l'Atlantique par Alain Gerbault.

1925
Première Fastnet.

1928
Virginie Hériot médaillée d'or aux Jeux olympiques d'Amsterdam.

1942/1943
Tour du monde en solitaire de Vito Dumas.

1947
Création de l'Optimist.

1954
Mise à l'eau du premier Corsaire de Jean-Jacques Herbulot.

1962
Premier Salon nautique de Paris. Le dernier a lieu en 2022.

1963
Sortie du premier Muscadet de Philippe Harlé.

1964
Victoire dans la Transat anglaise (OSTAR) d'Éric Tabarly.

1967
Création du Hobie Cat. Fondation de l'école des Glénans. Fondation de la SNSM (Société nationale de sauvetage en mer) fusion de la Société centrale de sauvetage des naufragés, fondée en 1865, et des Hospitaliers sauveteurs bretons, datant de 1873.

1968
Bernard Moitessier participe sur Joshua au Golden Globe Challenge, première course en solitaire autour du monde, remportée par Robin Knox-Johnston.

1970
Première Course de l'Aurore devenue ensuite la Solitaire du Figaro. Création de l'École nationale de voile à Quiberon.

1973
Création du Grand Pavois de La Rochelle.

1978
Première Route du Rhum remportée par Mike Birch. Disparition en mer d'Alain Colas sur Manureva.

1979
Drame de la Fastnet.

1989
Première Armada de Rouen sous le nom de Voiles de la liberté. Premier Vendée Globe.

1990
Victoire de Florence Artaud dans la Route du Rhum.

1992
Première Fête maritime internationale de Brest (Brest 1992). Création du trophée Jules Verne.

1993
Bruno Peyron effectue du tour du monde à la voile en équipage en 79 jours et 6 heures.

1996/1997
Catherine Chabaud, première femme à effectuer un tour du monde en solitaire et sans escale à l'occasion du Vendée Globe.

1998
Disparition d'Éric Tabarly.

2006-2008
Première expédition scientifique du voilier *Tara*.

2008
Ouverture de la Cité de la voile à Lorient.

2014
Lancement de la réplique de l'Hermione.

2017
Francis Joyon abaisse le record du tour du monde à la voile en équipage à 40 jours et 23 heures.

2020
Six femmes prennent le départ du Vendée Globe : Isabelle Joschke, Samantha Davies, Miranda Merron, Clarisse Crémer, Pip Hare, Alexia Barrier. Une première dans l'histoire de la course au large !

2023
Voyage inaugural vers la Guyane du Canopée, cargo hybride à propulsion vélique et thermique. Réouverture du site parisien du musée national de la Marine.

Glossaire

AFFALER :

affaler une voile est la faire descendre, avec une notion de rapidité, voire d'urgence, alors qu'amener une voile est simplement la baisser.

AMURE :

cordage fixant le point inférieur au vent d'une voile. Sur une voile triangulaire, le point d'amure est au coin inférieur avant d'une voile triangulaire, à l'opposé du point d'écoute. Désigne aussi la position du voilier par rapport au vent. Un voilier dit bâbord amures reçoit le vent de bâbord. En cas de route de collision avec un voilier tribord amures (qui reçoit le vent de tribord), il doit manœuvrer, le navire tribord amures étant privilégié

BÂBORD :

est à bâbord ce qui se trouve à gauche de l'axe du navire lorsqu'on regarde la proue et à tribord ce qui se trouve à droite. Un moyen mnémotechnique consiste à visualiser le mot « batterie » (BA-TRI)

BADERNE :

tresse épaisse servant à protéger de l'usure et des frottements les mâts, vergues et cabestans. Était traditionnellement composée de vieux cordages.

BANNETTE :

désigne dans le langage maritime une couchette à bord d'un bateau.

BARRE DE FLÈCHE :

espar horizontal maintenant les galhaubans écartés du mât.

BAU :

traverse dans le sens de la largeur du navire qui affermit les deux bords. Le maître-bau est la plus longue de ces traverses et donne donc la largeur du bâtiment. Synonyme : barrot.

BÔME :

espar horizontal articulé à la base du mât qui maintient et permet d'orienter la grand-voile triangulaire (gréement bermudien) ou une voile aurique. Elle est articulée au mât par le vit-de-mulet. Le terme de bôme a supplanté l'ancienne appellation, gui.

BOSCO :

maître d'équipage (anglais bosseman)

BOUCHAIN :

zone de la carène entre le fond et la partie verticale (muraille) de la coque Une coque « en forme » a des bouchains arrondis ; une coque angulaire est « à bouchains vifs ».

BOUT :

terme générique pour cordage sur un navire. Se prononce boute.

CABESTAN :

treuil à axe vertical servant à enrouler ou dérouler (virer) les cordages et câbles et chaînes. Sur les grands voiliers traditionnels, ils pouvaient être manœuvrés par plusieurs hommes, à l'aide de barres, dites barres d'anspect, engagées dans des mortaises aménagées à cet effet. Sur les voiliers de plaisance moderne, le winch à manivelle ou électrique les a remplacés. Le guindeau est le nom particulier donné au treuil servant à mouiller ou relever l'ancre.

CARÈNE :

partie immergée de la coque d'un navire, sous la ligne de flottaison (correspond aux œuvres vives).

CORDE :

à l'exception de celle de la cloche, il n'y a pas de cordes sur un navire. On emploie les termes de cordage, de manœuvres et de bout.

DALOT :

orifice percé dans la paroi d'un navire permettant l'évacuation des eaux embarquées.

DÉJAUGER :

un bateau déjauge lorsqu'il s'élève sur l'eau au dessus de sa ligne de flottaison.

DÉRIVEUR :

voilier sans quille, pourvu à la place d'une dérive, pièce rétractable de bois ou de métal placée dans le sens longitudinal sous la coque et qui permet de limiter la dérive due au vent.

DRISSE :

cordage servant à hisser une voile, un pavillon, une vergue.

ÉCHOUAGE/ÉCHOUEMENT :

l'échouage est un acte volontaire, à la différence de l'échouement.

ÉCOUTE :

cordage servant à régler une voile en fonction de la direction du vent. Le point d'écoute est l'angle inférieur arrière d'une voile triangulaire.

EMPANNAGE :

changement d'amure en passant par vent arrière. Se dit aussi virement lof pour lof. Le virement de bord se fait par contre en passant face au vent. En cas d'empannage involontaire, le passage brusque de la bôme d'un bord à l'autre est particulièrement dangereux pour les équipiers et les passagers.

ENCABLURE :

ancienne mesure utilisée en mer et correspondant à environ 200 mètres. Une encablure valait 120 brasses.

ESPAR :

terme générique pour les pièces de bois (et maintenant de métal) allongées et rigides appartenant au gréement et à l'équipement du navire : les mâts, les vergues, la bôme sont des espars. Les avirons, la gaffe sont également considérés comme des espars.

ÉVITAGE :

surface susceptible d'être balayée par un navire au mouillage qui tourne sur son ancre, du fait de la marée, des courants ou du vent.

FASSEYER OU FASEYER :

une voile qui fasèye est insuffisamment gonflée par le vent et bât comme un drapeau.

FERLER :

ferler (ou serrer) une voile est la plier et l'attacher le long de son espar (vergue ou bôme).

FOIL :

aileron immergé sous la coque ou incliné par rapport à elle. Les foils permettent au navire à partir d'une certaine vitesse de se soulever en partie ou totalement hors de l'eau pour gagner en rapidité du fait de la réduction du frottement avec l'eau.

FRANC-BORD :

distance verticale entre le pont et la ligne de flottaison mesurée au milieu de la longueur du navire.

GABIER :

sur les voiliers traditionnels, matelot travaillant dans la mâture aux manœuvres et à l'entretien du gréement.

GRÉEMENT :

ensemble de la voilure et de tout ce qui permet de la manœuvrer. On distingue le gréement dormant, fixe, comme les haubans, et le gréement courant, constitué de parties mobiles sur lesquelles on agit (pour hisser une voile par exemple).

HAUBAN :

les haubans sont les câbles et cordages qui relient le haut des mâts à la coque et au pont et assurent leur soutien. L'étai est le hauban situé à l'avant du navire. Sur un voilier de plaisance à un seul mât, l'étai relie la proue, soit à la tête du mât, soit à une hauteur intermédiaire. Le galhauban est un hauban tenu écarté du mât par les barres de flèche.

HUNE :

plateforme intermédiaire dans les mâts des grands voiliers.

LAIZE :

nom des bandes de toile dont se compose une voile

LIGNE DE VIE :

câble, cordage ou sangle tendu de l'avant à l'arrière sur chaque bord du navire sur lequel on peut fixer à l'aide d'un mousqueton son harnais pour éviter la chute à la mer.

LIT DU VENT :

direction d'où vient le vent.

LOCH :

appareil servant à mesurer la vitesse d'un navire (mot d'origine néerlandaise). Sous l'influence de l'anglais, le mot speedomètre s'est répandu.

MANŒUVRE :

désigne tout cordage ou câble du gréement. Comme ce dernier, et dans le même sens, les manœuvres se divisent en manœuvres courantes et dormantes.

MATELOTAGE :

art de faire des nœuds marins.

NŒUD :

unité de vitesse correspondant à un mille à l'heure, soit 1852 mètres.

ŒUVRES MORTES :

partie de la coque émergée, au dessus de la ligne de flottaison, à la différence des œuvres vives.

PARE-BATTAGE :

objet protégeant à l'amarrage la coque d' un bateau d'un autre bateau ou du quai et amortissant les chocs. A l'appareillage, on un relève les bouées de pare-battage. S'appelle aussi défense.

PASSAVANT :

passage latéral sur le pont permettant de passer de l'avant à l'arrière du navire le long du rouf, des cabines et du cockpit.

PRÉLART :

pièce de toile qui servent à couvrir les objets que l'on veut préserver de la pluie ou de l'eau de mer.

RABOUTER :

assembler bout à bout deux cordages.

RALINGUE :

cordage cousu autour des bords d'une voile pour la consolider. Ralinguer une voile : coudre ce cordage.

RIS :

portion d'une voile comprise entre deux bandes ou renforts nommés bandes de ris. Prendre un ris (ariser) est réduire la surface d'une voile en en repliant une ou plusieurs bandes horizontales.

ROUF :

superstructure située généralement à l'arrière du pont supérieur d'un navire et ne s'étendant pas sur toute sa largeur, ce qui la différencie de la dunette. On trouve aussi roof.

ROULIS :

le roulis est le balancement selon l'axe longitudinal du navire alors que le tangage est le balancement du navire dont l'avant et l'arrière s'enfoncent alternativement dans la mer.

SAFRAN :

partie immergée du gouvernail, en forme de plan vertical et permettant en pivotant de diriger le navire.

SANCIR :

un voilier sancit lorsqu'il chavire par l'avant (faire un soleil). Concerne surtout les multicoques.

SOUQUER :

serrer fortement un nœud, une amarre ou, second sens, agir vigoureusement sur les avirons, d'où l'expression « souquer ferme ! »

SPARDECK :

faux-pont léger établi au dessus du véritable pont (origine : anglais)

TALONNER :

un navire talonne lorsqu'il touche ou heurte le fond de la mer ou un écueil par l'arrière de sa quille.

TAUD :

abri de toile que l'on installe sur le pont d'un navire pour se protéger des intempéries ou du soleil.

TONNEAU :

unité de mesure de la jauge d'un bateau, c'est-à-dire de son volume intérieur. Un tonneau correspond à 2,83 mètres cubes.

VERGUE :

dans les voiliers traditionnels, espar allongé dans la mâture soutenant la voile. Horizontal dans les gréements carrés, cet espar prend le nom de corne dans le gréement aurique où il est oblique par rapport au mât (apiqué).

VIRER :

1) Virer une manœuvre, une chaîne tournée autour d'un cabestan, est la tirer, la haler. 2) virer une bouée, une marque : en course ou régate, contourner une bouée, une marque indiquant le parcours, en effectuant un virement de bord.

WINCH :

petit cabestan actionné avec une manivelle ou électrique.

Quelques adresses et sites utiles

Réglementation

Ministère chargé de la mer

Site gouvernemental déclinant les différentes réglementations concernant le nautisme, les coordonnées des différents services territoriaux, ainsi que des fiches pratiques détaillant les différentes démarches (acheter, vendre, immatriculer...).

www.ecologique-solidaire.gouv.fr/politiques/plaisance-et-loisirs-nautiques
www.mer.gouv.fr

Agence nationale des fréquences (ANFR)

L'ANFR agit pour le compte du ministère chargé de la mer et délivre les licences obligatoires pour toute utilisation d'une radio VHF.

www.anfr.fr/accueil

Préfecture maritime Atlantique

Le site permet de consulter les arrêtés préfectoraux qui réglementent la navigation localement, ainsi que les Avurnav (avis urgent à la navigation) et toute opération de travaux ou de maintenance sur des ouvrages ou balisages maritimes, pour la côte atlantique.

www.premar-atlantique.gouv.fr

Préfecture maritime Méditerranée

Site des informations préfectorales concernant le littoral méditerranéen.

www.premar-mediterranee.gouv.fr

Fédération française de voile

Vous trouverez sur le site de la FFV, les adresses des différents clubs pour prendre une licence sportive, consulter la liste des manifestations sportives et la réglementation liée à la pratique de la voile en compétition.

www.ffvoile.fr/ffv/web

Météo et marées

Météo France marine

Météo France est un service public offrant un haut niveau de prévisions météorologiques. C'est donc un site incontournable à consulter avant d'aller en mer, d'autant plus que vous y trouverez également des guides et des explications détaillées des phénomènes météorologiques.

www.meteofrance.com/previsions-meteo-marine/marine

Windy

Site gratuit, Windy propose une interface graphique très réussie pour visualiser et comparer des prévisions issues de modèles différents. Le site permet également d'afficher de nombreuses autres informations, comme la couverture nuageuse, les orages ou la pluviométrie.

www.windy.com

Météo Consult

Concurrent direct de Météo France, Météo Consult propose des prévisions côtières gratuites et la possibilité de comparer les modèles entre eux. Contrairement à Windy, Météo Consult dispose de ses propres prévisionnistes.

marine.meteoconsult.fr/meteo-marine/previsions-meteo-marine.php

Marées

Ce site propose les informations concernant les marées pour un port donné. L'interface graphique simple et efficace permet de lire rapidement la hauteur d'eau pour une heure donnée.

maree.info

Sécurité

Société nationale de sauvetage en mer (SNSM)

Vous trouverez sur ce site des informations et des conseils sur la sécurité en mer, ainsi que le lien pour devenir donateur. Bien que cette association remplisse une mission de service public en assurant les opérations de sauvetage en mer, son financement ne repose qu'à 20 % sur les aides de l'État. C'est donc la générosité des donateurs privés qui permet réellement son bon fonctionnement.

www.snsm.org

Cospas-Sarsat

Système mondial de recherche et d'assistance en mer, Cospas-Sarsat est une organisation internationale s'appuyant sur un réseau de satellites. Le site Internet permet d'enregistrer les informations liées aux balises de détresse personnelles.

www.cospas-sarsat.int/fr

Écoles de voiles de type associatif

Le site des écoles françaises de voile

Ce site recense toutes les écoles affiliées à la Fédération française de voile.

www.fairedelavoile.fr

L'UCPA

Depuis 50 ans, l'Union des Centres de Plein Air, propose des formations « croisière voile », sur plusieurs bases en France et à l'étranger, encadrées majoritairement par des moniteurs bénévoles.

ecoledevoile.ucpa.com

Les Glénans

Créée en 1947, l'école de voile Les Glénans, est reconnue pour son expertise dans le monde de l'enseignement de la voile. L'esprit qui y est développé depuis sa création, est celui du bénévolat, de la vie en collectivité et de la solidarité.

www.glenans.asso.fr

Macif centre de voile

Créée en 1987 à l'initiative de sociétaires Macif, l'association s'est développée autour du thème de la sécurité en mer. Elle est aujourd'hui une des plus importantes écoles de croisière en France, dispensant également des formations sur la prévention des accidents en mer. Son encadrement est principalement assuré par des professionnels.

www.macifcentredevoile.fr

Culture, histoire et patrimoine

Cité de la voile

Lorient La Base – rue Roland-Morillot – 56323 Lorient

https://www.citevoile-tabarly.com

Corderie royale de Rochefort

rue Audebert – 17300 Rochefort

https://www.corderie-royale.com

Fondation Belem

https://www.fondationbelem.com

Musée national de la Marine

17, place du Trocadéro – 75017 Paris

https://www.musee-marine.fr/

Patrimoine maritime et fluvial

244, boulevard Saint-Germain – 75007 Paris

https://www.patrimoine-maritime-fluvial.org

Index

Sources et notes bibliographiques

p. 68. Florence Arthaud et la Route du Rhum 1990.
Florence Arthaud, *Un vent de liberté*. Paris, Arthaud, 2009, J'ai lu, 2010.

p.74. La première course en solitaire.
Francis Chichester, *Seul en course*. Paris, Librairie maritime du Yacht, 1962.

p. 76. La genèse du Vendée Globe.
Sailing News TV. (2015, 4 décembre). Philippe Jeantot, *Au bout de mes rêves* [Vidéo]. YouTube.
https://www.youtube.com/watch?v=8eoDtVEDYbM

p. 88. Catherine Chabaud, service gagnant.
1. Philippe Éliès, « En vérité, la mer me manque », *Le Télégramme*, 6 mars 2022.
2. « Océan bien commun. L'Appel de Catherine Chabaud met les voiles », *Le Télégramme*, 8 novembre 2018.
3. Catherine Chabaud et Jean-Luc Garnier, *Femme libre, toujours tu chériras la mer*. Grenoble, Glénat, 2007.
4. Catherine Chabaud, *Préserver la mer et son littoral*. Grenoble, Glénat, 2008.
5. « Les vagues ne sont plus des vagues, elles sont hautes comme les Alpes. » C'est le dernier message, aux allures de SOS, envoyé par le skipper au PC course du Vendée Globe, le 7 janvier 1997. Le corps du marin de 43 ans n'a jamais été retrouvé, mais des morceaux de l'épave de son voilier ont été localisés quelques mois plus tard au sud du Chili.
6. Cité in site web du Vendée Globe, actualités du 24 avril 2021, www.vendeeglobe.org

p. 99. Un défi inédit, trois destins hors du commun.
Bernard Moitessier, *La Longue Route*. Paris, Arthaud, Coll. « Classiques Arthaud », 2018.

p. 118. Isabelle Autissier, le souffle de l'aventure.
1. *Vendée Globe 1996 documentary*, France 3. Archives INA. Cité in « Portrait d'Isabelle Autissier : des océans à WWF France », vidéo TV5 Monde, 20 mars 2021.
2. Rémy Fière, « Baptême à cinq voix pour un globe-trotter », *Libération*, 3 septembre 1996.
3. Johan Hufnagel, « Isabelle Autissier sauvée des eaux », *Libération*, 17 février 1999.
4. Annick Cojean, « Isabelle Autissier : "J'ai ignoré les limites de genre" », *Le Monde*, 24 décembre 2019.
5. Isabelle Autissier, « La Mer, les prochaines 60 années », conférence organisée par Bretagne vivante, 21 novembre 2019.
6. Annick Cojean, « Isabelle Autissier : l'aventure, c'est sortir de ses certitudes », vidéo *Le Monde*, 27 juin 2017.

p. 128. Le record du tour du monde en solitaire.
Sources Service de presse Sodebo.

p. 162. EllenMacArthur, la reine mer.
1. « Vendée Globe Challenge : arrivée Ellen Mac Arthur », INA, archives, 20 heures le journal du 11 février 2001.
2. Jacques Guyader « Ellen MacArthur est passée du bleu au vert », *Ouest-France*, 10 novembre 2015.
3. Ellen MacArthur, *Les Pieds sur terre*. Grenoble, Glénat, 2011.
4. Ellen MacArthur, rédactrice-en-chef à *Terra-Eco*, 9 septembre 2010. Avec Karine Le Loët.
5. « Ellen MacArthur :"Aujourd'hui, je me bats en faveur de l'économie circulaire" », Entretien avec Isabelle Kumar, *Euronews*, 31 juillet 2014.
6. Portrait : Ellen MacArthur », art. cit.

p. 168. La course au large la plus tragique de l'histoire.
Bernard Rubinstein. 1979-2019, un Fastnet au goût de larmes. *Voile & moteur* [en ligne], 30 juillet 2019.
Disponible sur https://www.voileetmoteur.com/voiliers/actualite-voile/regates-courses/1979-2019-un-fastnet-au-gout-deslarmes/83593

Les auteurs

Stéphane Mahieu est l'auteur de nombreux livres sur le monde maritime, dont *Autour des phares de Méditerranée* (2013), le *Guide des plus beaux musées maritimes d'Europe* (2016), *Mettre les voiles et autres expressions nées de la mer* (2016) et *150 trucs pour un marin curieux* (2021) publiés aux éditions Vagnon. Il est également l'auteur d'un ouvrage sur les romanciers maritimes, le *Catalogue des vaisseaux imaginaires*, paru en 2022 aux éditions du Sandre.

Caroline Britz est journaliste, passionnée de reportages en mer et des zones polaires. Elle a vécu à bord de certains bateaux présentés dans son ouvrage *Les 12 bateaux qui vont sauver la mer* (2020), publié aux éditions Vagnon.

Olivier Bourbon est journaliste dans l'univers de la mer, de la voile et des grands événements de course au large depuis 2009. Il collabore notamment au magazine *Voiles et Voiliers* ; il est l'auteur de *Courses au large, 50 aventures légendaires* (2021), publié aux éditions Vagnon.

Stéphane Dugast, reporter, auteur, réalisateur et chroniqueur, multiplie depuis l'an 2000 les enquêtes et les tournages sous toutes les latitudes avec un goût prononcé pour les mondes sauvages et les embarquements en tout genre. Il collabore à différents titres de la presse magazine et réalise également des films documentaires pour la télévision. Il est l'auteur de nombreux ouvrages dont *Navigatrices* (2022), publié aux éditions Vagnon. Depuis 2015, il est le secrétaire général de la Société des explorateurs français.

Emmanuel Van Deth, journaliste spécialisé dans le nautisme depuis plus de 20 ans, est rédacteur en chef de *Multicoques Magazine*. Depuis l'enfance où il a tiré ses premiers bords en Optimist (il en a toujours un !), il n'a cessé de naviguer en croisière comme en régate. Il a publié de nombreux ouvrages consacrés à la voile et aux bateaux, notamment *Les 50 voiliers qui ont changé l'histoire de la voile* (2021), aux éditions Vagnon.

Tous les textes sont de Stéphane Mahieu, excepté ceux de :
Olivier Bourbon, pages 22 à 25, 68 à 71, 74 à 77, 98 à 101, 128-129, extraits de *Courses au large, 50 aventures légendaires* (Vagnon, 2021) ;
Caroline Britz, pages 36-37, 136-137, extraits des *12 bateaux qui vont sauver la mer* (Vagnon, 2020) ;
Stéphane Dugast, pages 88 à 93, 118 à 123, 162 à 167, extraits de *Navigatrices* (Vagnon, 2022) ; Emmanuel Van Deth, pages 94 à 97, 114 à 116, 130 à 133, extraits des *50 voiliers qui ont changé l'histoire de la voile* (Vagnon, 2021).

Crédits photographiques

Bridgeman Images, 10, 79 (bas) ; Everett Collection / Bridgeman Images, 11, 12 ; Collection CHRISTOPHEL © Black Bear - Treehouse - Before The Door Pictures - Washington Square Films, 13 ; Droits réservés, 14 ; Photo12/Alamy/Joel Douillet, 15 (gauche) ; Photo12/ABC/PA Photos, 15 (droite) ; Photo12/Alamy/Jaime Franch Travel Photo, 16 (haut) ; Shutterstock.com, 2-3, 18-19, 20 (droite), 33, 35 (haut et bas gauche), 46-47, 51, 56-57, 62-63, 78 (droite), 80-81, 84, 102, 117, 126-127, 144-145, 158, 170-171, 176, 177, 178-179, 180, 182, 183,184, 185, 186-187, 188-189, 190-197, 198 à 201, 202, 234 à 251, 254-255 ; BreizhAtao / Shutterstock.com, 20 (gauche) ; CatherineLProd / Shutterstock.com, 21 ; Liot - Stichelbaut / Aléa, 23, 25 ; Photo12/Heritage Images/Heritage Art, 27 ; AGIP / Bridgeman Images, 28 (haut) ; Roger-Viollet / Roger-Viollet, 28 (bas) ; Tallandier/ Bridgeman Images., 29, 54 ; Granger/Bridgeman Images, 31 ; Pierre-Yves Babelon / Shutterstock.com, 35 (bas droite) ; Caroline Britz, 36 ; Sacha Bollet/Fondation Tara Océan, 37 ; Association OICO-ETh, 38 ; Photo12/Alamy/Roger Allen Photography, 39 ; Photo12/Alamy/Peter Brogden, 41 ; Musée national de la Marine/A.Fux, 42 ; Musée national de la Marine, 43 ; Musée national de la Marine/Jean-Yves Besselièvre, 44 ; Musée national de la Marine/Romain Osi, 45 ; PlusONE/Shutterstock, 48 ; FreeProd33 / Shutterstock.com, 49 ; Alexander Tolstykh / Shutterstock.com, 50 ; mimpki / Shutterstock.com, 52 ; Universal History Archive/UIG/Bridgeman Images, 53 ; Albert Harlingue / Roger-Viollet, 55 ; Photo12/Alamy/Keystone Press, 64 ; Photo12/Alamy/Ajax News & Feature Service, 65 ; Photo12/Alamy/Joel Douillet, 66-67 ; Jacques Vapillon/Aléa, 68, 90-91, 120, 122-123, 148 (bas), 167 ; François Van Malleghem/Aléa, 70-71 ; NPL - DeA Picture Library / Bridgeman Images, 72 ; Peter Newark American Pictures / Bridgeman Images, 73 (haut) ; Look and Learn / Illustrated Papers Collection / Bridgeman Images, 73 (bas), 105 ; Ian Dear Archive/PPL/Aléa, 75, 101 ; Robert D. Hagan/PPL/Aléa, 77 ; Archives Charmet/Bridgeman Images, 78 (gauche) ; Photo12/Alamy/Pictorial Press Ltd, 79 (haut) ; The Maas Gallery, London / Bridgeman Images, 82 ; Luisa Ricciarini / Bridgeman Images, 85 ; sylv1rob1 / Shutterstock.com, 87 ; Bernard Rubinstein / Aléa, 88, 108, 109 ; Emmanuel Pain/AFP/Aléa, 92 ; Fountaine Pajot, 94 ; Emmanuel Van Deth, 16 (bas), 17, 40-41, 96-97, 115, 116, 130, 133, 154, 174 ; Bill Rowntree/PPL/Aléa, 98-99 ; Collection personnelle Stéphane Mahieu/DR, 103 ; Photo12/Alamy/Jan Schliebitz, 104 ; Zvonimir Orec / Shutterstock.com, 106-107 ; Photo12/Alamy/Ajax News & Feature Service, 110-111 ; Photo12/Alamy/Ajax News & Feature Service, 112, 113 ; APM (Association des propriétaires de Muscadet), 114 ; Jean-Marie Liot/Aléa, 119, 129 ; Delpixel / Shutterstock.com, 124-125 ; Wiki media communs/Barbetorte, 131 ; Kraehn, Carloni © Dargaud, 2024, 135 ; Low-tech Lab, 137, 138 ; Jean-Luc Gourmelen - Low-tech Lab, 139 ; Droits réservés, Douarnenez - Sortie du canot François Henri Provensal (1917), 141 (haut) ; Spech / Shutterstock.com, 141 (bas) ; Obatala-photography / Shutterstock.com, 142 ; Duvallon / Bridgeman Images, 143 ; Photo12/Alamy/Cavan Images, 147 ; Photo12/Mirrorpix, 148 (haut gauche) ; Yvan Zedda / Aléa, 148 (haut droite) ; Photo12/Alamy/Trinity MirrorMirrorpix, 149 ; Benoît Stichelbaut / Aléa, 150-151 ; Photo12/Alamy/Ludovic De Cockborne, 153 (haut) ; Photo12/ Alamy/Kos Picture Source Ltd, 153 (milieu gauche) ; Photo12/ABC/Patrick Bernard, 153 (milieu droite) ; Jean-Luc Van den Heede / Aléa, 153 (bas) ; Photo12/Alamy/Southmind, 154 (haut) ; Henri Thibault / Aléa, 154 (bas) ; Photo12/Alamy/mauritius images GmbH, 157 (haut) ; Photo12/Alamy/ Ron Buskirk, 157 (bas) ; Dianov Boris / Shutterstock.com, 160-161 ; Ellen MacArthur, 162 ; Carlo Borlenghi/Aléa, 164-165 ; Ajax News/Aléa, 169 ; Photo12/Alamy/Niall Ferguson, 172 ; Photo12/Alamy/Tim Woodcock, 173 ; Photo12/Alamy/Trevor pearson, 175 ; Photo12/Alamy/Sami Sarkis Provence, 181 ; Photo12/Alamy/Karin Duthie, 182 (haut)

Illustrations

Laurent Stefano, 204 à 208, 210, 211, 213 (bas), 214 ; Jean-Luc Guérin, 209, 212, 213 (haut) ; Lorenzo Timon, 215 à 233

Direction : Guillaume Pô
Direction éditoriale : Élisabeth Pegeon
Édition : Sandrine Vincent
Corrections : Aurélie Lacombe
Direction artistique : Isabelle Mayer
Direction de fabrication : Thierry Dubus
Suivi de fabrication : Marie Dubourg
Photogravure : Apex
1re édition - N° d'édition : 24L1007

ISBN : 979-1-0271-0857-2
Code MDS : VA08572

Achevé d'imprimer en France, en septembre 2024 sur du papier issu de forêts en gestion durable, par Sepec Agm, ZI Rue Gutemberg, 76440 Forges-les-Eaux, un imprimeur labellisé pour ses pratiques respectueuses de l'environnement.

Dépôt légal : novembre 2024
www.vagnon.fr

IMPRIM'VERT®

PEFC
10-31-4013
Certifié PEFC
www.pefc-france.org